# Capitalismo
## Breve historia de una palabra

Alberto Mingardi

# Capitalismo

Breve historia de una palabra

Traducción de Marco Aurelio Galmarini

**Alianza** editorial
El libro de bolsillo

Título original: *Capitalismo*

Diseño de colección: Estrada Design
Diseño de cubierta: Manuel Estrada
Fotografía de Javier Ayuso

PAPEL DE FIBRA
CERTIFICADA

© 2023 by Società editrice il Mulino, Bologna
© de la traducción: Marco Aurelio Galmarini, 2025
© Alianza Editorial, S. A., Madrid, 2025
    Calle Valentín Beato, 21
    28037 Madrid
    www.alianzaeditorial.es

ISBN: 978-84-1148-970-6
Depósito legal: M. 3402-2025
Printed in Spain

Si quiere recibir información periódica sobre las novedades de Alianza Editorial, envíe
un correo electrónico a la dirección: alianzaeditorial@anaya.es

# Índice

# I. Un extraño «ismo»

1. Es una palabra errónea; erróneamente *pensada*, erróneamente *construida*. Pero también con un destino afortunado, lo que es fácil de comprender. Imagínese el lector por un instante en la Inglaterra de comienzos del siglo XVIII, en el momento de consolidación de lo que más adelante el historiador Arnold Toynbee (1852-1883) denominaría «Revolución Industrial». El modo de producción cambia a una velocidad desconocida hasta entonces, las novedades tecnológicas comienzan a despertar entusiasmo, en apenas unos años más se podrá llegar con el ferrocarril a lugares de los que tan solo se había oído hablar. Pero estas innovaciones son anunciadas por cambios de otro tipo, relativos a la *organización* de la producción. Es cierto que anteriormente ya había grandes empresas, pero se asemejaban a *networks* de operarios que trabajaban cada

uno en su casa. Era el *smart working* de la época. El empresario era propietario de las materias primas y lo sería también de los bienes producidos; a menudo financiaba las herramientas y el equipamiento necesario para su uso, pero confiaba todo eso a personas que trabajaban en su domicilio. No solo en agricultura la célula de consumo y la célula de producción coincidían con la familia, aunque ya había empresas que intentaban concentrar a sus empleados en un mismo sitio, como, por ejemplo, los hilanderos. La Revolución Industrial las multiplica y llena de fábricas el país.

A menudo las nuevas máquinas son muy voluminosas y no es posible reducirlas a dimensiones compatibles con su instalación en la casa de un tejedor o de un curtidor. Para decirlo en palabras de un gran historiador de la economía: «las nuevas tecnologías transformaron las dimensiones óptimas de la unidad productiva, con lo que introdujeron rendimientos crecientes allí donde antes habían sido constantes»[1]; si se produce una gran cantidad de bienes, el coste de producción por unidad es menor.

La industria tiene una «tendencia centralizadora», como comprende perfectamente Friedrich Engels (1820-1895), pues no solo concentra capital, sino también personas: «el gran establecimiento industrial re-

---

1. J. Mokyr, *I doni di Atena*, Bolonia, Il Mulino, 2004, p. 189 (ed. original: *The Gifts of Athena*, Princeton, Princeton University Press, 2002; trad. cast.: *Los dones de Atenea*, Madrid, Marcial Pons, 2008).

quiere muchos obreros, que trabajan juntos en un mismo edificio y han de vivir juntos, de modo que allí donde surge una fábrica de un tamaño considerable, forman un pueblo»[2]. Es cierto que los establecimientos fabriles no brotaban como hongos, pues durante buena parte del siglo XIX, las imponentes manufacturas que alojaban el hilado y el tejido coexistieron con *networks* de tejedores a mano que trabajaban en su casa; pero es precisamente su carácter masivo lo que hace que la fábrica se apodere del imaginario antes incluso que el paisaje. Las fábricas semejan cárceles en las que los obreros se ven sometidos a un nuevo tipo de funcionario: el reloj, que, inflexible, escande el tiempo del trabajo[3].

En cuanto lugar, en cuanto complejo de instrumentos, espacios y personas, la fábrica sugiere que lo importante es lo que se ha *acumulado*, gracias a lo cual es posible comprar aquellos y emplear estas. ¿Cuál es la diferencia respecto de la antigua organización de la producción agrícola? La tierra, incluso la más fértil, da fruto, pero no produce otra tierra. Desde el inicio de los tiempos, el problema de los seres humanos ha sido precisamente el de explotarla sin agotarla, sin impedir

2. F. Engels, *La situazione della classe operaia in Inghilterra*, Milán, Edizioni Lotta Comunista, 2011, p. 82 (ed. original: *Die Lage der arbeitenden Klasse in England*, Leipzig, 1845; trad. cast.: *La situación de la clase obrera en Inglaterra*, Tres Cantos, Madrid, Akal, 2020).
3. La imagen remite a un clásico como D. Landes, *Prometeo liberato*, Turín, Einaudi, 1978, p. 58 (ed. original: *The Unbound Prometheus*, Cambridge University Press, 1969).

que un suelo determinado siga dando frutos en el futuro. El capital, por el contrario, parece engendrar capital, pues los beneficios financian fábricas más grandes y herramientas más eficientes, se reducen los tiempos de producción y se acrecientan las cosechas.

Se trata de un proceso al que difícilmente se puede dejar de reconocer al menos ciertas ventajas, pero está marcado por la señal de un pecado original. John Maynard Keynes (1883-1946) admitía con gran sinceridad que en los cincuenta años que precedieron a la Primera Guerra Mundial se había producido, «con gran beneficio para la humanidad», una «inmensa acumulación de capital fijo» que «habría sido imposible constituir en una sociedad en la cual la riqueza hubiese estado equitativamente repartida»[4].

Quien emplea la palabra «*capitalismo*» piensa justamente en esto. En la economía moderna, lo importante son los muros de los establecimientos, los aparatos que hay en su interior y el dinero para comprarlos y para pagar los salarios de los obreros. La gran transformación que experimenta Europa primero, y más tarde el mundo entero, es resultado del *capital*.

2. Hay quienes disponen de él y quienes no lo tienen, quien es propietario de los medios de producción y

4. J. M. Keynes, *Le conseguenze economiche della pace*, Milán, Adelphi, 2007, p. 30 (ed. original: *The Economic Consequences of Peace*, Londres, Macmillan, 1919; trad. cast.: *Las consecuencias económicas de la paz*, Barcelona, Crítica, 2016).

quien únicamente puede contar con su cuerpo y sus propias energías. El Devoto-Oli define el «capitalismo» como «sistema económico-social que se caracteriza por la propiedad privada de los medios de producción y por la *separación entre la clase de los capitalistas-propietarios y la de los obreros*»[5]. Aunque todos venimos desnudos al mundo, el capital es privilegio de unos pocos. Con frecuencia quien dispone de capital tiene la fortuna de contar con padres o abuelos que lo han acumulado para él, o bien (aunque estas dos cosas no se excluyen) es lo suficientemente inescrupuloso para obtenerlo a expensas de los obreros, a los que exprime por encima de lo que les paga; esa parte que no les reconoce es precisamente lo que constituye su fortuna. De esta manera está en condiciones de *acumular* cada vez más, lo que se traduce en la posibilidad de permitirse mejoras y ampliaciones, de emplear una fuerza de trabajo más numerosa y de producir, y en consecuencia vender, más mercancías.

Los obreros están en una posición de subordinación respecto de su patrón: deben hacer lo que este les manda a fin de obtener un salario a cambio. Esta condición se ve como una forma de «opresión». La fortuna de la palabra «capitalismo» reside precisamente en que permite este sobreentendido, como ocurre aún en nuestros días, en los que se la emplea como sinónimo de cualquier distorsión del *statu quo*. Pero aten-

5. La cursiva es mía.

ción, porque, aunque la gran organización de la fábrica pueda asemejarse a la organización jerárquica por excelencia, es decir, el ejército, la diferencia entre un ejército formado por reclutas y un establecimiento fabril es que en este último un trabajador puede marcharse cuando quiera, mientras que en el primero, no.

Es evidente que la producción masiva necesita tanto capital y maquinarias como edificios. A lo largo del siglo XIX, la población de Inglaterra se quintuplica. Hay más bocas que alimentar y más cuerpos que vestir. Las personas empiezan a concentrarse en las ciudades, donde, desde el comienzo, y durante muchos años, se instalarán las fábricas (la FIAT en Turín, la Pirelli en Milán, etc.). Vivir en la ciudad implica nuevas necesidades, que a su vez exigen nuevas producciones. En las ciudades «convergen y entran en estrecho contacto muchísimas personas, que representan una vastísima gama de gustos, capacidades, exigencias, producciones y tal vez manías», todo lo cual crea diversidad en el ambiente urbano[6].

En cierta medida, los niveles de vida empiezan a mejorar, la innovación llega a la praxis médica y la higiene se convierte en objetivo de la política pública, pero sobre todo del mercado, campo de batalla de la competencia entre productos que hacen más saluda-

---

6. J. Jacobs, *Vita e morte delle grandi città. Saggio sulle metropoli americane*, Turín, Einaudi, 2009, p. 137 (ed. original: *The Death and Life of Great American Cities*, Nueva York, Random House, 1961).

bles los hábitos comunes (empezando por el jabón), a consecuencia de lo cual disminuye el número de defunciones infantiles. El aumento de la renta *per cápita* y la reducción de la mortalidad infantil van de la mano. Los cuentos de Dickens sobre el primer capitalismo lamentan que las crías humanas formaran también parte de la fuerza de trabajo, pero es lo que siempre había ocurrido en las economías agrícolas, donde, por cierto, las condiciones de vida de los niños no eran mejores. La novedad es que se convierten en *consumidores*. La Revolución Industrial también «industrializa» el juguete y lo difunde por doquier. Indudablemente, esto habría sido imposible sin máquinas, establecimientos fabriles y *capital*.

Para evitar equívocos, es preciso preguntarse si lo que marca la diferencia es realmente el *capital*. ¿Que la Revolución Industrial se produjera precisamente en ese momento, no antes ni después, se debió a que por fin la acumulación del capital alcanzó un nivel tal que la hizo posible? ¿Hay una suerte de «dependencia del capital» que determine el destino de las sociedades humanas, de tal modo que a quien tiene siempre le será dado mientras que a quien no tiene se le quitará incluso lo poco que posee?

Esto es lo que se piensa en general cuando se emplea la palabra «*capitalismo*», que, a pesar de lo que se cree comúnmente, no tiene su origen en Karl Marx (1818-1883). Su creador es Werner Sombart (1863-1941), quien le dedica un amplio estudio sociológico. Tal como la utilizamos todos, todavía hoy, es obvio que el término tiene una connotación negativa. Deja intuir que existe un hilo invisible e indestructible que liga las riquezas de hoy con las de mañana.

3. En nuestros días estamos acostumbrados a oír hablar hasta la saciedad de «crecimiento» económico, y lo mismo ocurre con su ausencia. Hasta comienzos del siglo XIX, precisamente el momento de la Revolución Industrial, no había crecimiento ni se tenía idea de él. Era inimaginable que una economía *creciese* en el tiempo de manera sostenida, pues las oscilaciones de la producción eran mínimas y se vinculaban al ritmo de las estaciones y a factores geopolíticos (la paz es amiga de la producción; la guerra, su peor enemiga). Justamente por esto, las diferencias sociales, muy marcadas, contraponían una masa de miserables a un puñado de grandes propietarios de tierras. La movilidad social era sustancialmente desconocida: la hija de un latifundista no se casaba con el mozo de cuadra o con el chófer, como en *Downton Abbey*. Más extraño aún era que el mozo de cuadra consiguiera hacerse rico. Para ello existían elaborados sistemas de justificación del *statu quo*: el soberano era soberano por derecho divino y transfería una pizca de su estatus a sus señores feudales, que se comprometían a garantizar el orden público y de vez en cuando se sacrificaban en el campo de batalla.

Por lo demás, observaban un código de comportamiento que tenía la ventaja de otorgar a la riqueza el mismo valor que a la silla de un caballo, lo que no deja de ser un detalle importante, pero no lo esencial. Provista como está de privilegios de nacimiento, la aristocracia da muestras de un exquisito desinterés por su bienestar.

El hecho de que las fortunas, y sobre todo las desgracias, se heredaran era por entonces menos motivo de escándalo de lo que llegó a ser en tiempos posteriores. Vivir en una sociedad en la que las clases sociales están separadas por fronteras infranqueables no deja margen ni siquiera a la fantasía. En la película de animación *Merlín el encantador*, al escudero Grillo jamás se le habría ocurrido que pudiera convertirse no ya en rey de Inglaterra, sino en simple caballero, y el anacrónico consejo del mago Merlín de estudiar para abrirse camino en la vida le parece una extravagancia. Únicamente la magia (la extracción de la espada) puede permitirle un salto hacia arriba en la escala social.

El sistema fabril ve enriquecerse a personas que no se limitan a ceder sus fincas en aparcería. Las fábricas y las máquinas apuntan a otra actitud: no basta con ser rico, es preciso seguir enriqueciéndose. Este es el motivo del beneficio, más aún, el *móvil* del beneficio, como de mala fe dicen los libros de historia que con mayor claridad dejan traslucir su orientación ideológica.

Que la sociedad se afane en acumular riquezas contribuye a hacer aún más inaceptable la diferencia entre el poseedor de los medios de producción y el que carece de ellos. Mientras la riqueza sea puramente fortuita, mientras nacer rico sea como nacer rubio o moreno, flaco o gordo, es tolerable, una casualidad entre tantas. Menos tolerable resulta a medida que crece la evidencia de que, aunque el destino, sin duda, desempeña su papel, también interviene la determinación de los individuos; cuando el rico no se conforma con ser rico, sino que quiere hacerse más rico. Y puede hacerlo porque, a diferencia de la tierra, el capital produce más capital.

La palabra «*capitalismo*» parece aludir a la arquitectura de un sistema. Es el mecanismo que hace posible este proceso, la urdimbre de instituciones y símbolos que permite a los ricos hacerse cada vez más ricos, mientras que los pobres, bueno... los pobres se quedan como están.

Por esta razón se trata de una palabra erróneamente *pensada*, erróneamente *construida*. Sin acumulación de capital, no habríamos tenido trenes ni aviones, no existirían las redes de banda ancha, no habríamos podido desarrollar cinco vacunas contra la COVID-19 en menos de un año. Nuestra vida es *acumulativa*. Efectivamente, sumar experiencias nos vuelve menos indefensos ante el futuro, lo que es igualmente válido en lo relativo a los recursos —sean muchos, sean pocos— que logremos ahorrar. Si hablamos de *capital humano* en referencia a lo que una persona aprende en su paso por la universidad, cuando cursa un máster o en calidad de auxiliar en su puesto en trabajo, es precisamente porque reconocemos que también las competencias y los conocimientos se *acumulan*.

4. La acumulación es mucho más antigua que la Revolución Industrial. Los faraones egipcios amontonaban riqueza e incluso se la llevaban al más allá. Lo mismo han hecho los soberanos y los aristócratas de muy diversos lugares y en distintas épocas. A menudo nuestras ciudades muestran señales de esta acumulación, por ejemplo, en los castillos almenados o en los ábsides ornamentados de las grandes iglesias. Al parecer, la Iglesia Católica posee unas 61 000 toneladas de oro (lo cual, como observa cualquier anticlerical militante, septuplica las reservas de oro de Estados Unidos). Sin embargo, nunca se nos ha ocurrido que la Iglesia tenga algo que ver con el capitalismo.

Acumular recursos es útil, pero con eso no basta. El capital, hemos dicho, parece producir capital. Pero no se trata, por cierto, de un proceso químico. Para lograr que el dinero produzca dinero, es necesario *invertirlo*. Mientras esté en cajas fuertes, no producirá nada. Solo se multiplica cuando es puesto al servicio *de los otros*.

Por supuesto a nadie se le escapa que un interés del 5 % sobre un capital de 10 000 euros significa 500 euros, mientras que sobre un capital de 1 millón de euros supone 50 000. Pero para que ese rédito se materialice es necesario que se cumplan ciertas condiciones. Por un lado, que dichos euros sirvan como auxiliares de otras actividades, que se conviertan en edificios en los que se desarrolle una producción y en máquinas a propósito para ese fin, pero, además, que tal producción tenga éxito. Esto último no es un detalle baladí. La mayor parte de las iniciativas empresariales, como cualquier otra actividad humana, fracasa. Tener éxito significa obtener un determinado bien o un determinado servicio y que el número de personas que los obtienen sea suficiente como para permitir a la empresa recuperar los costes en los que ha incurrido y conseguir algo más. Este «algo más» es el aborrecido beneficio.

La Revolución Industrial ha hecho algo que antes se desconocía por completo: poner los recursos económicos y humanos al servicio de la producción «masiva», que también significa producción de cosas «para» la masa. Con la economía moderna, ha escrito Edmund Phelps, llega la *vida* moderna[7]. Ropa de algodón y bicicletas, sartenes y bombillas alógenas, automóviles y *smartphones*: todo gira en torno a las necesidades y los deseos de un número cada vez mayor de seres humanos. En cuanto es puesto al servicio de tales necesidades y deseos, el capital se «autogenera». Para nuestros abuelos, una llamada telefónica era un lujo y obra de magia; para comunicarse con otra ciudad tenían que dirigirse a una telefonista, y hablaban poco porque cada minuto de conversación consumía fichas.

7. E. Phelps, *Mass Flourishing. How Grassroots Innovation Created Jobs, Challenge, and Change*, Princeton, NJ, Princeton University Press, 2013, p. 55.

Quien esto escribe tiene edad suficiente como para recordar un anuncio de la SIP, aquel de la parlanchina enamorada cuyo enésimo «me amas, pero ¿cuánto me amas?» colma la paciencia de su padre, que estalla en un «¡pero cuánto me cuestas!». Hoy no solo estamos habituados a hablar por teléfono sino también a vernos la cara, incluso con personas que se hallan al otro lado del mundo, a precios irrisorios. Los más jóvenes han perdido el encanto por el ritual de la llamada y se envían larguísimos monólogos («mensajes de voz»). El capitalismo «genera» magias y se divierte convirtiéndolas en antiguallas. Es la manera en que el capital «produce» capital: persiguiendo a los consumidores.

Son estas novedades y este flujo constante de innovaciones lo que diferencia el mundo posterior a la Revolución Industrial del que la había precedido. Mejor que cualquier tratado lo explica Linus Barrabee, el protagonista de *Sabrina*, película de Billy Wilder, que encarna Humphrey Bogart. Cuando su hermano David (William Holden) le pregunta qué pretende «experimentar» con el desarrollo de un nuevo plástico, Bogart le responde que no es «nada del otro mundo», simplemente se trata de un nuevo producto que alguien encuentra útil, de modo que se abren nuevas fábricas en zonas hasta entonces poco desarrolladas «y, obviamente, por pura coincidencia, personas que antes nunca habían visto un céntimo se encuentren con un dólar».

Más importante que la acumulación de capital es la innovación, la cual muy a menudo se produce gracias al error, a productos que no despegan, a fábricas que no consiguen encarrilarse. Con el error se aprende; con el error se innova. Una historiadora de la economía, Deirdre N. McCloskey, ha sugerido no llamarlo más «capitalismo», sino «innovismo». Pero la fortuna de las palabras, ¡ay!, no depende de su precisión.

5. Aparte de exagerar el papel del capital, el término «capitalismo» presenta otro problema. Es un *ismo*. Cuando se habla de economía o de política, este sustantivo suele indicar un conjunto de ideas y preceptos más o menos coherente. El liberalismo es una constelación de liberalismos, y hay diversos matices de socialismo y de nacionalismo. Sin embargo, todos estos matices, aunque incoherentes entre sí, tienen como fundamento la articulación de ciertos valores y el desarrollo de determinadas premisas a fin de ofrecer a sus adeptos un repertorio de propuestas concretas, al menos en apariencia. Con mayor o menor probabilidad de realización, se trata siempre de *programas*, de proyectos de reconstrucción del edificio social o, por lo menos, de reacondicionamiento de las partes comunes. No es casual que cada uno de estos *ismos* tenga, de alguna manera, su «manifiesto».

La palabra «capitalismo» se emplea para insinuar que la Revolución Industrial ha producido algo semejante. Sin embargo, lo que el capitalismo sugiere es exactamente lo contrario a un «proyecto» coherente. Los capitalistas afanados en multiplicar sus respectivos capitales están en competencia unos con otros, mientras que los consumidores, de quienes depende su suerte, tienen ideas distintas y preferencias variadas y, para colmo, son volubles y tienden a presentar diferentes exigencias con el paso del tiempo. Por una empresa exitosa, hay cien que mueren aún en pañales, y hasta las que más sólidas parecen pueden sentir que el suelo se hunde bajo sus pies. El filme *Blade Runner* fue rodado en 1982 y ambientado en una distópica Los Ángeles de 2019. Si bien en 2019 no estábamos rodeados de replicantes (aunque algunos partidarios de la teoría de la conspiración no piensen lo mismo), la película contiene fotogramas de ambiciones proféticas, como, por ejemplo, aquellos en los que las marcas de las compañías que han monopolizado el presente y el futuro ondean en el firmamento californiano. A excepción de Coca-Cola, se trata de *brands* como Atari y Pan Am, que los jóvenes reemplazarán por nombres inventados, no los de las empresas que a Ridley Scott le parecían destinadas a dominar el mundo. En mi época de estudiante universitario, los críticos del capitalismo estaban obsesionados con Microsoft y convencidos de que reinaría para siempre en nuestros ordenadores. A todos Google les parecía apenas algo más que el primo estadounidense de Virgilio (el portal web).

Así como de la mentalidad aristocrática perduró la idea de que el dinero es algo vil y poco más que banalidad todo lo que a él se refiere, estamos convencidos de saber predecir el futuro de las mercancías y los mercados. Creemos infalibles nuestras intuiciones respecto de un determinado producto y consideramos una guía certera nuestro gusto personal e incluso nuestra interpretación de los gustos ajenos. Pensamos que con un restaurante en determinada ubicación se hará dinero, no dudamos de la naturaleza triunfal del producto. Suponemos evidente lo que no tiene nada de obvio porque confundimos dos planos: por un lado, el reducido grupo de personas con las que tenemos contacto directo y constante y a las que tal vez conozcamos como la palma de la mano, y, por otro, la sociedad en general, de la que damos por supuesto que ha de comportarse y razonar como nuestro entorno más cercano.

Hay quienes estudian muy atentamente el pasado de un determinado mercado para imaginar con fundamento su futuro. A diferencia de un sector aislado del mundo de las mercancías, el futuro de la economía de mercado tiende a escapar incluso al analista más sagaz. Esto se debe a que las informaciones de las que disponemos son siempre parciales e imperfectas y a que, contrariamente a quienes creen que el que mañana posea el capital será simplemente aquel que ya lo poseía ayer, no se contemplan las innovaciones, que a menudo llegan de donde nadie se lo espera o que encuentran aplicaciones imprevisibles. Si tomamos la «Fortune 500» (la lista de la revista *Fortune* que ordena las 500 mayores empresas estadounidenses por facturación) de 1955 y la comparamos con la de 2019, advertimos que hoy solo aparece el 10 % de las empresas que figuraban hace setenta años. En otras palabras, en setenta años, nueve de cada diez de las mayores empresas estadounidenses han dejado de serlo.

Se dirá que «capitalismo» podría ser un *ismo* no en el sentido de un sistema de ideas, sino en el de una condición o una actitud, a semejanza de escepticismo, optimismo, mutismo, estrabismo o alcoholismo. Si así fuera, deberíamos preguntarnos qué es lo que determina la condición «capitalista» de una sociedad. La respuesta no es fácil, pues entran en juego muchas y muy diversas cuestiones, como creencias e instituciones, por las que un determinado contexto resulta más o menos favorable. Estas creencias e instituciones pueden incluirse en otra categoría, amplia y porosa, la de la «libertad económica», que implica la libertad de los consumidores para *elegir* (no soy económicamente libre si solo puedo repostar gasolina de distribuidores estatales), pero también la libertad de los productores para *ofrecerse a ser elegidos* (no soy económicamente libre si no puedo abrir mi puesto de fruta en el mercado o vender mis artículos a un periódico si no estoy afiliado a un determinado colegio profesional). Lo mismo que todas las cosas del mundo, la libertad económica presenta una gradación: se puede ser más o menos libre, y hoy lo somos menos que hace veinte años, pero probablemente un poco más que hace cincuenta. Las creencias y las instituciones que «constitu-yen» la libertad económica determinan el modo en que la sociedad selecciona los proyectos. Tal vez el capitalismo no sea precisamente una mano invisible, sino un «tamiz invisible» que permite la supervivencia de unos proyectos y no la de otros, pero no debido a una coyuntura predeterminada, sino sobre la base de las preferencias y del gusto variable de los consumidores. Por eso goza de tan mala reputación y se lo asocia tan a menudo a hechos detestables. Precisamente porque es un tamiz, afecta al modo de asignar los recursos en régimen de escasez, lo que significa escoger qué ideas adoptar y cuáles dejar que se pierdan. Que unas innovaciones tengan éxito no se debe a que hayan sido fervientemente deseadas por unos ni a que otros hayan proclamado ostensiblemente su virtud, sino a que *son útiles*. La urdimbre de este tamiz cambia constantemente de densidad y solo depende de las exigencias y las necesidades que en un determinado momento los consumidores consideren como tales. Los mayores proyectos no necesariamente son capaces de atravesar el tamiz, y hasta los más imponentes tienden a quedar atrapados en él.

# II. El gran enriquecimiento

1. En la Edad de Bronce y en la de Hierro, la esperanza de vida rondaba los veinte años; en la Europa medieval, los treinta; a finales del siglo XIX, ya en plena Revolución Industrial, los cuarenta; en el siglo XX, tras las dos guerras mundiales, estaba en torno a los cincuenta y cinco. Hoy, en Europa occidental, llegamos a los 81 años los hombres y a los 82 las mujeres. En términos generales, lo que tenemos en mente cuando utilizamos la palabra «progreso» es una clara trayectoria de mejora de las condiciones de vida, aunque no necesariamente de forma rectilínea.

El aumento de la esperanza de vida es el resultado de muchos factores, no siempre fáciles de desentrañar. Es evidente, por ejemplo, que la mejora de la dieta (la ingesta de alimentos variados, con mayor aporte calórico) ha desempeñado un papel importante. Más difícil es indicar las causas de tal mejora. Un factor de calado fue la ampliación del conocimiento y su aplicación a la agricultura, que deriva en una mayor productividad de los suelos. Es imposible imaginar una alimentación tan variada sin la innovación tecnológica que ha conducido, por ejemplo, a las cámaras frigoríficas, pues cuando la tecnología de conservación predominante era la salazón, en los valles o en las llanuras era imposible el consumo habitual de pescado. Pero también la demanda ha jugado su papel, pues la gente comienza a pedir diferentes alimentos, incluso cuando hasta el día anterior fueran extraños a sus costumbres. En general, esto sucede cuando se ha alcanzado un nivel suficiente de seguridad económica. *Primum vivere*, y después vivir mejor. En este «mejor» reside el principal motivo de las elecciones que todos realizamos: todos deseamos gozar de condiciones de vida más agradables, ganar unos euros más que el año anterior, vivir en una casa más grande, poder permitirnos dos semanas de vacaciones en el mar en vez de una sola. Si bien el intento de pasarlo mejor imprime su sello a la acción humana desde que el mundo es mundo, los objetivos razonablemente alcanzables cambian en función del contexto.

El contexto de los últimos doscientos cincuenta años es el más favorable de la historia. Hoy tenemos a nuestra disposición un número infinitamente mayor de «cosas» (bienes y servicios) de las que disponían nuestros abuelos, quienes a su vez gozaban de muchas más posibilidades que nuestros bisabuelos. Con el paso del tiempo, hemos logrado *colaborar* no solamente con las personas de nuestro círculo inmediato, sino también con muchas otras que nos son desconocidas. Colaboramos con ellas sin compartir necesariamente los mismos fines, nos ponemos unas al servicio de otras sobre la base de la mutua conveniencia. El resultado ha sido un cambio sin precedentes. Pensemos en esto: todavía a finales del siglo XIX, para oír música había que acudir a un lugar específico a escuchar la interpretación de profesionales —lo cual era posible con mucha frecuencia en las cortes, pero no entre personas comunes, como, por ejemplo, los campesinos que nunca en su vida hubieran estado en una ciudad— o bien producirla uno mismo, ya fuera haciendo sonar de modo agradable lo que se tuviera a mano, ya cantando. En los últimos ciento cuarenta años hemos tenido, primero, el fonógrafo, luego los discos de vinilo, después la radio, más tarde el radiocasete, finalmente el CD y hoy Spotify y servicios análogos. Los más conservadores sacuden la cabeza con resignación ante los gustos musicales de los jóvenes, pero lo cierto es que nunca ha habido tanta gente que escuchara los cuartetos de Franz Joseph Haydn como hoy.

Joseph Schumpeter (1883-1950) explica:

El obrero moderno dispone, sin duda, de cosas de las que el propio Luis XIV se habría congratulado de poseer pero no podía, como, por ejemplo, los modernos servicios de odontología. Sin embargo, en este estatus, el beneficio que a título personal habrían de traer los éxitos del capitalismo fue, en conjunto, escaso. [...] Las creaciones típicas del mecanismo productivo capitalista son los paños baratos, los tejidos de algodón y de rayón a buen precio, los zapatos, los automóviles, etc., no —en general— mejoras que resultaran interesantes a los ricos. La reina Isabel tenía medias de seda. El éxito del capitalismo no consiste en proveer de mayor cantidad de medias de seda a las reinas, sino en ponerlas al alcance de jóvenes obreras de la industria a cambio de un esfuerzo laboral en constante disminución[1].

El «mecanismo productivo capitalista» transforma lo que otrora eran lujos exclusivos de la élite en comodidades tan banales que, en nuestros días, no llaman la atención ni a las personas más humildes. Crece la cantidad de bienes y de servicios al alcance de todo el mundo, aumenta la productividad y, por tanto, se reduce el esfuerzo inherente al trabajo. Deirdre McCloskey, a quien ya hemos citado, ha llamado a este proceso *great enrichment*, gran enriquecimiento. Esta autora explica:

El gasto diario medio de los haitianos y los afganos, expresado en precios estadounidenses actuales del mismo poder adquisitivo —por tanto, habida cuenta de la inflación y ti-

1. J. A. Schumpeter, *Capitalismo, socialismo e democracia*, Milán, ETAS, 2001, p. 65 (ed. original: *Capitalism, Socialism and Democracy*, Nueva York, Harper & Brothers, 1942; hay trad. cast. de Roberto Ramos Fontecoba, *Capitalismo, socialismo y democracia*, Barcelona, Página Indómita, 2 vols., 2015).

pos de cambio realistas—, está muy por debajo de los tres dólares. Esta cifra es la que, en términos generales, correspondía antes de 1800 a la media de ingreso y de consumo que cabía esperar de una persona en cualquier lugar del mundo. [...] Aunque de modo imperfecto, la cifra no solo incluye lo que se compra en el mercado, sino también todos los bienes y servicios que se pueden producir o cultivar en solitario. Sin embargo, la media mundial en nuestros días, tras dos siglos de aumento y la aceleración de las últimas décadas, ha llegado, incluidos los haitianos y los afganos, a la cifra sin precedente de unos 33 dólares diarios, lo que equivale aproximadamente al nivel actual de Brasil.

Si en lugar del mundo entero consideramos únicamente los países «ricos», es decir, los que con o sin razón denominamos «capitalistas», a partir de un punto inicial comparable,

la renta real *per cápita* ha ascendido ya a los 100 dólares diarios. [...] No se trata de una duplicación ni de la triplicación de las posibilidades materiales de una vida humana que cabe esperar en el quehacer cotidiano, sino de treinta veces más[2].

Casi la sexta parte de la población mundial pertenece a los países de la OCDE, que en doscientos cin-

2. D. N. McCloskey, *Bourgeois Equality. How Ideas, not Capital or Institutions, Enriched the World*, Chicago, IL, The University of Chicago Press, 2016, p. 7.

cuenta años han visto cómo el ingreso disponible de las personas *se multiplicó por treinta*.

2. Tenemos tendencia a no reconocer todo esto. A mediados del siglo XIX, Engels realizó un gran reportaje histórico sobre la situación de la clase obrera en Inglaterra. Desde las primeras frases, explicaba que las nuevas máquinas habían «inventado» el proletariado. El escándalo de la diferencia entre los poseedores y los no poseedores de los medios de producción tiene una dimensión *física*. El capitalismo era, precisamente, el modo de producción basado en el empleo de máquinas (en este caso, la novedad residía en la complejidad de sus instalaciones) y en la concentración de los trabajadores en un solo lugar. Se trataba de una novedad absoluta. Antes, la dimensión de la empresa era mucho menor, y el empresario solía disponer de operarios a destajo que en muchos ámbitos (empezando por la industria textil, que era la informática de comienzos del siglo XIX) trabajaban en su casa. Gracias a la organización fabril, los tiempos se acortan, la división del trabajo inherente a un determinado campo se hace más lineal y racional y, en consecuencia, aumenta la productividad. El uso de máquinas también beneficia a los obreros. Así, en la Inglaterra de la Revolución Industrial, la renta *per cápita* pasa (en dólares de 1970) de 500 en 1830 a 1200 en 1900[3].

3. N. F. R. Crafts, «Economic growth in France and Britain, 1830-1910: A review of the evidence», en *Journal of Economic History*, 44, 1, 1984, p. 51.

En aquella época, los entornos laborales no eran precisamente cámaras estériles. La historia del capitalismo tiene como protagonistas a seres humanos, lo cual significa que los abusos y las injusticias formaban parte de ella con toda naturalidad. Pero si bien la organización fabril, que es la seña distintiva del capitalismo, ha «inventado» al obrero, no ha inventado al pobre, desde luego. Sin duda «pobres tendréis siempre con vosotros» (Marcos, 14, 7), pero en los últimos doscientos cincuenta años la actitud respecto de la pobreza ha experimentado un gran cambio, pues ya no se trata de una condición a la que hay que resignarse, sino de una trampa de la que es posible librarse. Las sociedades más ricas pueden permitirse ayudar más a quienes han «quedado atrás». Lo más importante, en estas sociedades, es que no se da por supuesto que a una persona le sea asignada una posición en la escala social en la que deba permanecer para siempre. El gran enriquecimiento es «grande», como hemos visto, precisamente en lo referente a los volúmenes, pues *enriquecerse* se convierte en un fenómeno de masas, lo cual no es contradictorio con el hecho de que los medios de producción sean privilegio de pocos. En la fábrica de alfileres de Adam Smith (1723-1790), el trabajo conjunto producía casi 5000 alfileres diarios, mientras que el de cada obrero en solitario no habría conseguido terminar, como máximo, más de uno. La producción fabril se afirma porque es más productiva, lo que a su vez crea oportunidades de empleo y mayores salarios (¿cuánto ganaría cada uno de esos operarios con la venta del único alfiler diario que lograra producir en su taller?).

El azar sigue imperando en nuestras vidas, pero su influencia se ha debilitado. La pobreza se convierte en una mala situación de la cual, con empeño, es posible salir.

McCloskey no se cansa de destacar la *novedad* del fenómeno. En la historia europea (por ceñirnos a la zona del mundo que esperamos conocer al menos un poco), sin duda había habido episodios de progreso y de crecimiento económico. Basta con pensar en la Florencia del siglo XIII. Fue una época de intenso dinamismo empresarial, de aparición en escena de nuevas capas sociales, de inventos útiles para el incremento de la producción o los intercambios (la letra de cambio, que, al igual que tantas innovaciones financieras, facilita el comercio entre extraños). En plena felicidad, por así decirlo, la irrupción de cualquier conmoción —una epidemia terrible como la peste, una guerra, una invasión extranjera, etc.— no solo ponía fin a un ciclo positivo, sino que retrotraía al punto de partida. En 1600, la vida de un hombre común (un campesino, por ejemplo) seguía siendo extraordinariamente parecida a la de su homólogo de mil años antes. La población, que en los momentos de expansión económica tendía a crecer, volvía a los niveles anteriores tras padecer catástrofes de origen natural o humano. Incluso en la era que se inicia con la Revolución

Industrial, hemos experimentado extraordinarias sacudidas que tal vez, dada su amplitud, fueron mucho más graves que las que padecieron nuestros antepasados, caso de la Gran Depresión y las dos guerras mundiales, solo para empezar. Sin embargo, por grave que fuera el ritmo del retroceso, nunca se desanduvo del todo el camino. De hecho, la depresión no produjo un verdadero descenso demográfico. En efecto, tanto la Italia como la Alemania de posguerra reactivaron rápidamente la producción y se convirtieron en los dos países del milagro económico, etc.

En los años veinte del siglo XIX, en la medida en que merezcan confianza los relatos y las reconstrucciones estadísticas, sabemos que Inglaterra comienza a registrar un crecimiento constante, aunque modesto, del orden de los 2-3 puntos del producto anual (parece poco, pero si el crecimiento es del 2 %, en treinta y cinco años se duplica el producto, y si es del 3 %, lo hará en veinticuatro años).

Es difícil exagerar la importancia de este cambio, que consiste en el paso de un mundo sin notables transformaciones a través de los siglos y cuyo producto, aunque presentaba oscilaciones, tendía permanentemente a volver al punto de partida a otro mundo en el cual, por el contrario, la economía crece y, al mismo tiempo, las posibilidades tecnológicas están en constante desarrollo. En realidad, ambas cosas se dan simultáneamente. Por un lado, aumenta la renta de las personas, que tienen a su disposición más recursos para los consumos cotidianos, como nos recuerda McCloskey; por otro, estos consumos cambian, a menudo de modo inesperado.

La Revolución Industrial comienza, en palabras del historiador Thomas Ashton (1889-1968), cuando «un aluvión de instrumentos se precipita sobre Inglaterra»[4]. Pese a que nuestro cerebro evoluciona y cambia con el tiempo, no es descabellado suponer que somos muy parecidos a los *Homo sapiens* que nos precedieron en esta Tierra. Lo mismo que ellos, tenemos muchas limitaciones, pero también somos animales creativos cuyo rasgo distintivo, por citar a Adam Smith, es cierta «propensión a trocar, permutar y cambiar una cosa por otra»[5]. Mientras que (siempre citando a Smith, empedernido aficionado a los canes) es difícil encontrar un galgo y un perro perdiguero que intercambien huesos voluntariamente, nosotros nos implicamos recíprocamente en este tipo de actividades con la convicción de que se trata del modo más sencillo de mejorar nuestras condiciones de vida. Sería exagerado afirmar *ex post* que todos los intercambios presentan ventajas recíprocas, esto es, que todos aporten beneficios a las dos partes involucra-

4. T. S. Ashton, *La rivoluzione industriale 1760-1830*, Roma-Bari, Laterza, 2006, sigue siendo un clásico (ed. original: *The Industrial Revolution 1760-1830*, Oxford University Press, 1948; trad. cast., *La revolución industrial, 1760-1830*, México, Fondo de Cultura Económica, 2014).
5. A. Smith, *La ricchezza delle nazioni*, Turín, UTET, 1975, p. 91; *La riqueza de las naciones* , trad. de Carlos Rodríguez Braun, Madrid, Alianza Editorial, 2011, p. 44 (ed. original: *An Inquiry into the Nature and Causes of The Wealth of Nations*, Londres, 1776).

das, pues todos tenemos en casa una máquina de hielo que nunca hemos usado, un cojín rojo que nos parecía muy original pero que desentona con la funda del diván, un ejército de lápices en reposo permanente. Pero, dejando de lado los fraudes, *ex ante* todos los intercambios son mutuamente ventajosos, pues aportan beneficios tanto a quien compra como a quien vende: nos parecía que la máquina de hielo valía mucho más que el euro que nos había costado, el precio del cojín rojo era insignificante en comparación con el toque de distinción que daría a nuestro sofá gris, un lápiz se compra por unos céntimos, y no es cosa de quedarse en cualquier momento sin uno al alcance de la mano.

El *Homo sapiens*, en mayor o menor grado, siempre ha practicado el intercambio; la historia de los mercados y los bazares es al menos tan antigua como la de las civilizaciones del Mediterráneo. La frecuencia y la extensión de los intercambios en el mundo antiguo nos resultan asombrosas cuando pensamos en ellas. Pero, a diferencia de la época industrial, en un determinado momento del Imperio Romano, alrededor del siglo II d. C., «a falta de novedades tecnológicas que permitieran realizar ahorros no coyunturales, las gastos de la unificación política —ejército, burocracia, transportes, comunicación— empezaron a superar el nivel de los beneficios de la integración económica»[6].

6. A. Schiavone, *La storia spezzata. Roma antica e Occidente moderno*, Roma-Bari, Laterza, 1995, p. 205.

Sin el crecimiento de la población que deriva de la mejora de las condiciones de vida y sin novedades tecnológicas, la interconexión económica no logró producir incrementos de productividad semejantes a los que hemos conocido en los últimos doscientos cincuenta años.

Los seres humanos han sido creativos en distintas épocas de la historia: el pentagrama, los cubiertos con los que comemos, las gafas que permiten ver el mundo con nitidez también a los miopes se remontan a los siglos «oscuros» de la Edad Media. En otros tiempos, a los intelectuales les apasionaba la cuestión relativa a quiénes, si los antiguos o los modernos, eran «mejores» (más capaces, más geniales, moralmente preferibles). Nadie afirmaría hoy que Arquímedes de Siracusa (287-212 a. C.) fue menos creativo que George Stephenson (1781-1848), el genial autodidacta que no movió el mundo con una palanca, sino con una locomotora de vapor. Sin embargo, la creatividad provoca efectos distintos en diferentes contextos.

3. Hay una estrecha relación entre ciencia moderna y capitalismo. Este transforma las intuiciones de aquella en productos comercializados a gran escala, mientras que la primera se vale de los instrumentos producidos en nombre del segundo. En el equivalente histórico a un abrir y cerrar de ojos, es decir, en un par de décadas a finales del siglo XIX, con la irrupción de la electricidad, los seres humanos se emanciparon de las

fuentes de energía de las que habían dependido durante siglos. Tal cosa fue posible, señala Vaclav Smil, gracias a la suma del «ingenio de los inventores, el apoyo de los inversores y los proyectos comercialmente idóneos de ingenieros con espíritu empresarial»[7].

Por encima de todo, ciencia y capitalismo contribuyeron a modificar la manera tradicional de abordar la política. La ciencia no tolera los argumentos *ex authoritate*, mientras que el capitalismo absorbe nuevas capas sociales demasiado impacientes con los tradicionales poseedores de la autoridad. En cierto modo, ciencia y capitalismo están unidos por esta premisa *igualitaria*: quien quiera presentar una hipótesis propia, quien quiera llevar adelante una iniciativa económica propia, debe poder hacerlo. La comunidad científica, en un caso, y los consumidores, en el otro, serán quienes los juzguen *ex post*. El veredicto no dependerá de *quién* sea, sino de *qué* haga.

El capitalismo, por tanto, se consolida en un contexto en el que está en condiciones culturales de echar raíces. McCloskey subraya la importancia de una sensibilidad más liberal, a la que es inherente un reconocimiento social más amplio de las profesiones mercantiles y artesanales. Los individuos comienzan a innovar porque a los innovadores se los mira con respeto y no

---

7. V. Smil, *Creating the Twentieth Century. Technical Innovations of 1867-1914 and Their Lasting Impact*, Oxford, Oxford University Press, 2005, p. 34.

se los tiene por gandules, y comercian porque el trabajo del mercader es un trabajo respetable, no una ropa manchada por el contacto con el «estiércol del diablo» (el dinero). Las nuevas ideas ya no resultan sospechosas, y quien tiene ideas y carece de capital termina por encontrar a alguien que lo financie.

Como es obvio, también son importantes las innovaciones *institucionales*. Si bien es cierto que en Europa se afirma el Estado moderno, fundado en la idea de soberanía —o sea, en un poder último, centralizado y que no admite instancia superior alguna—, no es menos cierto que el Medievo deja el legado de un cierto pluralismo institucional. En Europa coexisten diversos regímenes políticos y, por tanto, siempre hay alguno al que se puede huir si las pretensiones del soberano se vuelven excesivas. Simétricamente, hay soberanos que buscarán atraer a innovadores y mercaderes ricos que pondrán en práctica sistemas de regulación que los favorezcan.

Que, al menos en parte, el capitalismo sea *también* un fenómeno cultural es algo que sus adversarios no solo admiten, sino que incluso subrayan enfáticamente. Para ellos el capitalismo es algo así como el ferrocarril al final de *Hasta que llegó su hora*, el inmisericorde advenimiento de lo *útil*, que acaba con todo lo que había quedado de la épica y la aventura del viejo Oeste (pero también con asesinos a sangre fría y otras gentes de parecida calaña).

Esta manera de organizar la vida económica, al igual que cualquier otra, solo es posible en la medida en que sea socialmente aceptada; por ejemplo, si la gente piensa que las reglas del juego, aunque imperfectas, son de algún modo ecuánimes y que, en consecuencia, también lo es el resultado de la competencia económica. Hay comportamientos vinculados a determinadas actitudes culturales sin las cuales no se manifestarían. Piénsese tan solo en el ahorro, que, justamente porque implica una renuncia, necesita en cierto modo el apoyo de la convicción moral socialmente expandida de que se trata de algo bueno. En mi niñez, mi abuela me mandaba guardar las monedas (de 50, 100, 500 liras), producto de alguna pequeña propina ocasional, en botes de plástico vacíos. Renuncia a ir a jugar al *pinball* —era su exhortación, cuando menos implícita— y con lo que ahorres te comprarás un juguete. Quién sabe si lo harán las abuelas de hoy, pues ya no es posible decirle al nieto «quédate con el cambio», dado que hasta el café se paga con tarjeta de crédito.

4. El capitalismo es inimaginable sin una determinada constelación de valores. Presidida por estas estrellas, en un determinado momento la creatividad humana se «masificó», es decir, dio origen a la producción en masa, que nos invadió con una cantidad hasta entonces desconocida de productos manufacturados. De ello derivó una mejora sin precedentes de las condiciones de vida: crecimiento de la población, mayor número de personas con posibilidades de trabajar y participar en el proceso de creación de la riqueza y que,

por primera vez, se veían beneficiadas de tener a su alcance objetos y servicios que hasta pocos años antes, en el mejor de los casos, eran lujo y extravagancia de unos pocos. Paulatinamente, el lujo del pasado se va convirtiendo en consumo común del presente. Los teléfonos, los automóviles y la televisión en color, lo mismo que los perfumes y el consumo de carne y de pescado, empiezan por ser privilegio de unos pocos y con el tiempo acaban siendo habituales en la casa de todos o de casi todos. Esto parece ser una constante del modo en que se produce el gran enriquecimiento.

Muchas voces subrayan que, en cierto sentido, el precio del gran enriquecimiento lo ha pagado el planeta Tierra. El triunfo de lo útil implica la erosión de los valores comunitarios, pero también de los recursos naturales. La tecnología moderna ha constituido una pesada carga para el medio ambiente. «No todo bueno es compatible, y menos los ideales dela humanidad», advertía Isaiah Berlin (1909-1997)[8].

Dos son las cuestiones relevantes. La primera tiene que ver con la posibilidad de que el desarrollo tecnológico también sea capaz, por el contrario, de *mejorar* las condiciones medioambientales y nuestra convivencia con el ecosistema. La experiencia reciente sugiere que sí. Los políticos «declaran» la necesidad de eman-

---

8. I. Berlin, «Dos conceptos de libertad» en *Dos conceptos de libertad. El fin justifica los medios. Mi trayectoria intelectual*, edición de Ángel Rivero, Madrid, Alianza Editorial, 2019, pp. 133-134 (ed. original: *Two Concepts of Liberty*, Oxford, Clarendon Press, 1958).

ciparnos de los combustibles fósiles, pero esto solo es posible, sin recaer en la miseria, en la medida en que se disponga de oportunidades *tecnológicas* alternativas.

Estas alternativas requieren, sin duda, la investigación de los científicos, pero también esa inteligencia particular que es la inteligencia empresarial, capaz de interceptar y anticipar necesidades y exigencias del consumidor. El éxito de Tesla no se debe únicamente a los subsidios que con el tiempo le han sido generosamente asignados, sino, sobre todo, a que el señor Elon Musk y su colaboradores consiguieron reunir en un paquete soluciones tecnológicas de diversa naturaleza, con la intuición de que el producto final sería del agrado de los consumidores dispuestos a pagar un cierto precio por él. La inteligencia empresarial se entrena en una escuela particularmente dura. Su motivación es la búsqueda del beneficio, lo cual le obliga a afrontar la incertidumbre, dado que en la producción, que no es instantánea, sino que se desarrolla en el tiempo, los gastos preceden a las ganancias, y quien anticipa los costes corre un riesgo, aun cuando espere que las rendimientos superen a los costes, esto es, obtener un beneficio. El beneficio es tanto más elevado cuanto más consiga el empresario «sorprender» al mercado. Esto es más fácil de decir que de practicar. En efecto, el mercado, o sea, los consumidores, es despiadado en materia de ideas, sectores, industrias y presuntos «innovadores». Por cada éxito hay millones de fracasos. Estos servirán de enseñanza a otros empresarios, pero ¡vaya consuelo!

La segunda cuestión relevante consiste en determinar si los problemas medioambientales son resultado del progreso tecnológico, o sea, del marco institucional que lo ha hecho posible en el mundo occidental, en una palabra, el capitalismo. Dado que este tiene como fundamento el interés propio, lo que equivale a decir el egoísmo, los actores económicos tenderán a priorizar su bienestar personal, sin preocuparse por las posibles repercusiones que eso tenga en la colectividad. Cualquier producción tiene *externalidades*, esto es, efectos que recaen en personas que no obtienen directamente de ello ningún beneficio. Algunas de estas externalidades pueden ser positivas (la inauguración de una fábrica o de nuevas oficinas implica la posibilidad de desarrollar otros servicios, como, por ejemplo, la apertura y un próspero futuro de bares y restaurantes en las proximidades); otras, por el contrario, son negativas, como la contaminación, que es la externalidad negativa por excelencia.

Si bien este problema es real y generaciones de economistas se han devanado los sesos tratando de cuadrar el círculo, de encontrar un modo de *internalizar* las *externalidades* (o sea, lograr que quien se beneficia de una nueva instalación fabril se haga cargo de los daños ambientales que con ello provoca a su comunidad), es difícil decir que afecte únicamente a los sistemas capitalistas. Uno de los grandes desastres ambientales del planeta es la desaparición del lago Aral, entre Uzbekistán y Kazajistán, que hoy es la décima parte de lo que era hace setenta años. Este dramático proceso se inició en los años sesenta del siglo pasado debido a la decisión, consciente y planificada, de irrigar el vecino desierto de Uzbekistán para sostener la producción de algodón. El origen del desastre es «económico», pues para aumentar la producción se «saquea» un recurso común de agua. El hecho de que no hubiese propiedad privada de los medios de producción no implicó que las planificaciones soviéticas prestaran particularmente más atención a las *externalidades* que los empresarios capitalistas. Más bien fue a la inversa, pues en un sistema capitalista cualquier interés privado puede recurrir a la demanda judicial si se considera perjudicado por otro, mientras que el Estado empresario, depositario natural del interés general, no permite a nadie querellarse contra él. Mao Tse Tung (1893-1976) lanzó, antes de la Revolución Cultural, la campaña para la eliminación de cuatro plagas (las ratas, las moscas, los mosquitos y los gorriones) que tuvo consecuencias devastadoras para el ecosistema. Se podría decir que las intenciones eran óptimas, pero los grandes planes impuestos desde arriba suelen tener dificultad para apreciar y calcular la retroalimentación del ecosistema (o del ecosistema económico). Los grandes planificadores programan nuestro futuro y se disponen a poner sus proyectos en práctica *whatever it takes*, cueste lo que cueste. El inconveniente radica en que este coste puede ser demasiado elevado.

Cualquier crítico del capitalismo puede responder con toda legitimidad que la insensibilidad de la Unión

Soviética y de China no convierte a la economía de mercado en un sistema más «verde». Es verdad. Pero el funcionamiento de la economía de mercado ofrece más oportunidades para la toma de decisiones «verdes».

5. El capitalismo −por fin intentamos dar una definición− es un sistema en el que las decisiones se toman de manera *descentralizada*. No hay una única cabina de mando, sino que cualquier poseedor de recursos puede escoger qué hacer con ellos. Los empresarios dirigen sus respectivas fábricas, los banqueros y los inversores deciden acerca de su financiación y los investigadores y los consultores son dueños de sus ideas. La propiedad privada garantiza que nadie sea despojado del control de los recursos de los que dispone. Los cambios institucionales y culturales, a los que hemos aludido de modo harto sumario, van precisamente en esa dirección. En otras palabras, ayudan a reconocer la *libertad económica*, que consiste en ser libre de elegir (qué comprar), pero más aún de *ofrecerse a ser elegido*, esto es, darse a conocer ante el mundo y el mercado como productor de un determinado bien o servicio. Ante un problema, no se espera que lo resuelva la autoridad central, sino que cualquiera puede afanarse en hacerlo, y luego habrá que pasar las distintas soluciones por el «tamiz».

Naturalmente, un sistema en el que las decisiones acerca de qué producir y qué comprar se toman de manera *descentralizada*, sin tener que obedecer a una única cabina de mando, es más sensible a la interpretación que los demás hacen de ellas. Y no porque sea necesariamente «altruista», dado que el capitalismo toma a los seres humanos como son, sin pretender transformarlos en otra cosa. No obstante, la economía de mercado *obliga* a pensar en los demás. Ludwig von Mises (1881-1973), uno de los economistas más importantes del siglo pasado, y también uno a los que menos atención se le presta, decía que, en su fuero interno, el consumidor es soberano. Si el lector deja este librito en las estanterías de las librerías, decreta el destino de su autor. En una economía de mercado, el librero (llámese Amazon, Feltrinelli o Giorgio) vende libros con independencia de su propia orientación ideológica y la de los autores. El editor prudente manda imprimir una determinada cantidad de ejemplares en función de sus previsiones de demanda. La tendencia al beneficio de uno y otro hace que en las librerías se encuentren, digamos, tanto este *Capitalismo* como la obra completa de Diego Fusaro. Donde no impera la motivación del beneficio, solo la autoridad política puede escoger qué se escribe y qué se publica.

En resumen, cuando decidimos que la autoridad política no debía participar en las decisiones relativas a la producción, fue cuando comenzamos a enriquecernos.

# III. Los enemigos del comercio

1. La Revolución Industrial no tiene su 14 de Julio. Si bien fue la más revolucionaria de todas la revoluciones[1], no comenzó en un día preciso, sino que fue y aún hoy sigue siendo un proceso, pues los nuevos instrumentos y las novedades tecnológicas continúan influyendo ininterrumpidamente en nuestra vida.

No ha habido un Robespierre (1758-1794) de la Revolución Industrial, y esto, para la economía de mercado, es un problema. Los seres humanos tendemos a modelar nuestras convicciones a base de anécdotas. Conservamos en la memoria un gran descubrimiento científico gracias a las vicisitudes biográficas del sagaz teórico, por lo general desdeñado y rechazado por sus

---

1. C. M. Cipolla, «La Rivoluzione industriale», en *Storia economica d'Europa*, vol. III: *La Rivoluzione industriale*, Turín, UTET, 1980, p. 1.

colegas y más tarde revalorizado por la posteridad tras una vida de dificultades e incomprensiones; una gran reforma política coincide con los esfuerzos y la determinación de un líder. La economía de mercado, en cambio, es *anti*heroica por definición. El episodio del gran enriquecimiento ha tenido muchos coprotagonistas, algunos más importantes que otros, pero nunca un héroe, un único protagonista, alguien que haya tomado las riendas del proceso.

Lejos de beneficiar al capitalismo, esto más bien exacerba la desconfianza respecto de él. El hecho de ser una revolución sin héroes no evita la existencia de acérrimas fuerzas contrarrevolucionarias. Hemos dicho que comenzamos a enriquecernos cuando dejamos de permitir que la política decidiera qué había que producir y qué no. Pero eso no ha sucedido de una vez para siempre.

En su libro *How China Became Capitalist* [*Cómo China se volvió capitalista*], el premio Nobel Ronald Coase (1910-2013) y Nina Wang cuentan la anécdota siguiente. En 1979, la China de Deng Xiaoping (1904-1997) permitió que los chinos que vivían en las ciudades y no tenían un empleo público trabajaran en reparaciones, pequeños servicios u obras de artesanía. Era una extraordinaria «liberalización». Después de los años de gobierno de Mao, en los que la agricultura había sido colectivizada y toda la economía estuvo sometida a minuciosos ejercicios de «planificación», los individuos, si lo consideraban interesante, podían intentar emprender un determinado trabajo. Por lo general, las actividades que funcionan tienden a crecer. Esto quiere decir que, para satisfacer la demanda y organizarse mejor, un artesano tiene que tomar un aprendiz, el fontanero un colaborador, etc., lo cual, en el rígido marco marxista de la China de entonces, prefiguraba unas condiciones de «explotación», o sea, un «delito económico» que debía llamar la atención de las autoridades. En Wuhú, provincia de Anhui, Nian Guangjiu (hoy nonagenario),

analfabeto sin trabajo fijo, había sido encarcelado dos veces como vendedor ambulante antes del comienzo de la reforma económica. Tras la muerte de Mao fue puesto en libertad y empezó a ganarse la vida vendiendo semillas de sandía tostadas. Sabrosas y baratas, eran (y siguen siendo) uno de los tentempiés favoritos de los chinos. Unos años después, Nian desarrolló una receta propia para tostar las semillas de sandía, con lo que les dio un sabor único y delicioso. Tan famosas se hicieron estas semillas, que la gente hacía cola para comprarlas. Para ampliar la producción, Nian empezó a emplear a otras personas además de a sus familiares. [...] El caso se puso en conocimiento de Deng Xiaoping, quien, en lugar de denunciar a Nian, dijo: «Esperemos y veamos». En 1980, Nian registró la marca de sus «Semillas de sandía del bufón». Al finalizar el año se había convertido en uno de los primeros millonarios de China, y rápidamente la suya pasó a ser una de las pocas marcas familiares de la industria alimentaria china. Sin embargo, su actividad nunca dejó de ser un problema político; en 1984 y en 1992, Deng tuvo que pronunciarse en su defensa para salvarlo de la cárcel[2].

Coase y Wang sugieren que probablemente Nian haya sido el hombre de negocios más afortunado de China. Otros, culpables de «delitos económicos» (es decir, de producir lo que creían que a la gente le interesaba comprar), no tuvieron tanta suerte y fueron detenidos y encarcelados, lo mismo que le había ocurrido a Nian antes de la muerte de Mao.

¿Que se trata de un caso «extremo»? Sin duda, pero también es cierto que casos análogos, si bien no tan «extremos», aparecen de modo recurrente en las crónicas cotidianas.

Hoy, incluso en los países «democráticos», hay personas que no pueden *ofrecerse a ser elegidas* para el oficio que quieran desempeñar. Hace unos años, todos estábamos entusiasmados con los portales de internet que permitían a cualquier persona revender una entrada para espectáculos o acontecimientos deportivos. ¿Cuántas veces nos ha ocurrido que hemos comprado una entrada para un concierto al que luego no podemos asistir? Nos habría bastado conocer a alguien a

---

2. R. Coase y N. Wang, *Come la Cina è diventata un Paese capitalista* (2012), Turín, IBL Libri, 2014, p. 151 (ed. original: *How China became Capitalist*, Palgrave Macmillan, 2012).

quien le interesara para cedérsela de buen grado... El efecto de esos sitios de internet era exactamente el mismo que se produce cada vez que «se abre un nuevo mercado», esto es, el de poner en comunicación a vendedores y compradores que hasta entonces no se conocían. Luego desaparecieron de la red italiana, porque el *secondary ticketing* [reventa de entradas] se parecía demasiado al acaparamiento como para que lo consintiéramos, y mientras que los revendedores esperaban con aspecto distraído a sus potenciales clientes a la entrada de los teatros, los mencionados sitios *on line* tenían el inconveniente de operar a plena luz.

¿Recuerda el lector cuando Uber intentó desarrollar sus actividades en Italia? Desde el primer momento, su *app* se dirigió a los operadores NCC (*noleggio-con-conducente*) [alquiler-con-conductor]. Les ofrecía la posibilidad de que no solo los llamaran los clientes habituales, acostumbrados a reservar sus servicios, sino también personas que los necesitaran en el último momento. De esta manera, si no tenían otros compromisos, podían ponerse a disposición de extraños que desearan ser transportados de un sitio a otro. Los taxis, que desarrollan su trabajo bajo licencia, se pusieron en pie de guerra. Muy poco, apenas unas semanas, duró el intento de Uber de hacer en Italia lo mismo que en Estados Unidos, donde cualquier persona, con tal de estar inscrita en la *app*, puede ofrecer un transporte a cambio de un pago, tal vez por la mañana, mientras se dirige a su trabajo, o bien por la tarde, de regreso a su casa. Los políticos italianos cedieron ante los taxistas. Matteo Renzi —a la sazón primer ministro y más tarde acusado de pertenecer a la multinacional estadounidense—, que se hallaba en California cuando estallaron las protestas de los coches blancos en Roma, tenía programada una visita a Uber, pero decidió cancelarla.

No está del todo claro «en qué momento» hemos dejado de permitir que la política dictase las condiciones de producción. No hay duda de que ese «momento» varía de un país a otro, como tampoco la hay de que solo lo hemos logrado en cierta medida. Tal vez la batalla esté concluida, tal vez se haya resuelto trazando una frontera que ya nadie se atreva a traspasar.

2. Adam Smith, en *La riqueza de las naciones*, la emprende contra la «política de Europa» que, «al no dejar las cosas en perfecta libertad», provoca nuevas desigualdades en los diferentes usos del trabajo y del capital[3]. La libertad de entrar en un cierto mercado está limitada por las reglas de las corporaciones. Al establecer un número máximo de aprendices que puede tener un maestro tejedor o un maestro sombrerero, o al estipular que un aprendizaje se prolongue una cantidad excesiva de años, se restringe la competencia y se impide a muchas personas ejercer el oficio que

---

3. Smith, *La ricchezza delle nazioni*, cit., p. 218; *La riqueza de las naciones*, cit.,p. 178.

les agrada. Lejos de mí interpretar de forma inadecua-
da a los pensadores del pasado, pero no es arries-
gado imaginar que hoy Smith no sentiría mucha sim-
patía por los titulares de las concesiones de balnearios
ni por la cantidad de obstáculos que las corporaciones
profesionales se divierten en inventar para los recién
graduados.

Smith reprobaba las leyes que imponen «duras penas sobre acciones que con anterioridad a los estatu-
tos que las declaraban delitos habían sido desde siempre consideradas inocentes»[4].

Aproximadamente un siglo antes, el gobierno fran-
cés había prohibido los tejidos de algodón estampados (*toiles peintes* o *indennes*), que estaban entonces de
rabiosa moda entre las damas parisinas. Como la prohibición no surtía un efecto significativo, en 1726 se
endurecieron las penas. Se concedió a las autoridades
locales «atribuciones para encarcelar sin proceso judicial a cualquiera que emplease los tejidos prohibidos,
aunque solo fuera para adornar su casa»[5]. Los france-
ses mantuvieron la prohibición de importar algodo-
nes estampados durante setenta años y la gente conti-
nuó consiguiéndolos por canales ilegales, porque los
deseaba. El absurdo de ciertas pretensiones nos resul-

---

4. *Ibid.*, p. 810 y 642.
5. V. Postrel, *The Fabric of Civilisation. How Textiles Made the World*,
Nueva York, Basic Books, 2020, p. 194 (hay trad. cast. de Lorenzo
Luengo, *El tejido de la civilización: Como los textiles dieron forma al
mundo,* Madrid, Siruela, 2024).

ta hoy más flagrante que en el pasado. Deberíamos haber entendido que limitar a ciertas personas, mediante una decisión política, la posibilidad de ofrecer determinado bien o servicio, así como decidir quiénes pueden hacer algo determinado, no tiene ninguna otra finalidad que favorecer a unos a costa de otros. Se impide que unos puedan *ofrecerse a ser elegidos* con el fin de que otros vivan más tranquilos, sin competencia. El hecho de que no esté permitido presentar una receta médica ante un empleado de supermercado permite a los farmacéuticos obtener una ganancia que se traduce en precios más altos de los medicamentos, ciertamente en perjuicio de quienes los compran, no de quienes los venden.

Es complicado privar de un subsidio a quien ya dispone de él, y esta es la razón por la cual son pocos los políticos que se animan a hacerlo. Es obvio que no todos los subsidios son iguales, que los hay muy importantes y poco importantes, pero todos, en cierta medida, reducen la posibilidad de crear riqueza, ya sea porque impiden a algunas personas probar suerte en un determinado oficio (cuando tal vez podrían aportar ideas nuevas), ya sea porque reducen los recursos a disposición de todos los demás (que pagan por determinados servicios un precio superior al que sería factible). El exceso de ganancias ahoga una economía. Smith pasa revista a las medidas que se adoptaron para favorecer a las manufacturas inglesas de la lana. Estaban pensadas para sacrificar el interés de los consumidores al del productor (en condiciones de «ganarse la voluntad» del político que tomaba las decisiones). A veces los productores no solo obtienen pingües ganancias a expensas de los consumidores, sino que declaran hacerlo en nombre de un interés superior, en general de orden «nacional», con multitud de banderas al viento. Sin embargo, también hay casos en los que el afán de concentrar las decisiones de producción, esto es, de decir a la gente lo que puede y lo que no puede hacer, no redunda en beneficio de nadie.

Pocos años después de la publicación de *La riqueza de las naciones*, el Parlamento inglés prohibió la destilación «privada» de *whisky* y permitió a las autoridades competentes en materia de gravámenes incautarse de alambiques, barriles y toneles si lo consideraban oportuno. Hoy el *whisky* es una suerte de orgullo nacional, pero durante años fue el foco de ásperas disputas políticas. Por ejemplo, el Estado inglés declaró ilegal la producción de *blended whisky* (mezcla de malta y trigo) hasta 1860, año en que la *Spirits Act* liberalizó buena parte de las bebidas alcohólicas.

Hay quienes sostienen que no siempre ha sido así, que no siempre estas regulaciones han sido medios para la obtención de beneficios, y tal vez sea cierto. Imagine el lector por un instante que es un mercader de la Edad Media o de comienzos de la modernidad. Las rutas comerciales eran inseguras y estaban dominadas por potencias caprichosas. Las propios mapas eran imperfectos. Las técnicas de transporte y conservación eran las que eran y, por decir algo, no resultaba fácil encontrar un restaurante de pescado en Milán. No existía el euro, las monedas variaban de una ciudad a otra y quien estaba de paso debía arreglárselas con el cambio y cerciorarse de que el soberano local no engañara demasiado en su declaración acerca de la cantidad de plata y la cantidad de oro que contenía una moneda. Para quien carecía de conocimiento directo de un territorio determinado, la situación política semejaba un jeroglífico envuelto en un misterio encerrado a su vez en un enigma. No había revistas que consultar ni tampoco centros de estudios o sociedades asesoras. Por esta razón, en algunos países, para poder vender y comprar en territorios lejanos, los mercaderes decidían montar consorcios y corporaciones. En Venecia aún existe el Fondaco dei Tedeschi, hoy centro comercial, que en el siglo XIII estaba al servicio de los mercaderes de Núremberg, Judenburg y Augsburgo, quienes se organizaban de manera conjunta para hacer frente a las incertidumbres de la época en el comercio a larga distancia.

Gremios y asociaciones eran entidades locales cuya característica fundamental consistía en restringir a cierta «clase» de personas el acceso a una determinada profesión: los oriundos tenían preferencia sobre los extranjeros. Es verdad que en la Europa medieval la forma que adoptaban estas instituciones era extraordinariamente variada. Y también lo es que, en un primer momento, sirvieron para conferir dignidad a una determinada profesión, acrecentar su respetabilidad social y establecer ciertas normas necesarias para el buen desempeño del oficio respectivo. Pero, en general, su razón de ser era limitar a unos pocos la posibilidad de vender determinadas mercancías, con ventaja para ellos. No es casual que las sociedades más corporativas, como la italiana, la española y la alemana, se subieran al tren de la Revolución Industrial después que los ingleses y los holandeses. Era una ventaja para la sociedad entera, y sigue siéndolo, que un número mayor de personas pueda contribuir a la división del trabajo, tal vez incluso proponiendo ideas un poco extrañas y no convencionales. ¡Alguna, quién sabe, podría cuajar!

Estos pocos ejemplos subrayan, sin excepción, que detrás de los intentos de dictar a los demás qué producir, cómo, dónde (piénsese en los intereses que subyacen tras los planes urbanísticos de las ciudades) y con qué, siempre hay actores *interesados*.

3. Por tanto, paradójicamente, ¿es el interés particular de algunos el verdadero enemigo del capitalismo? ¿Es que un proceso espontáneo e impreciso choca con la oposición consciente y egoísta de unos pocos?

El problema es que reducir la desconfianza en el mercado libre a unos intereses de parte no explica demasiado. En líneas generales, a todo el mundo (desde los profesores universitarios hasta los fontaneros) le gusta evitar la competencia. Pero hay muchísimas cosas en la vida que preferiríamos evitar —desde la lluvia durante una caminata por la montaña hasta tener que limpiar el arenero del gato o tomar medicamentos cuando estamos enfermos— y que acabamos asumiendo. Lo malo no es que no nos guste que alguien nos haga competencia, sino que haya grupos que se sientan plenamente legitimados a pedir su eliminación, naturalmente a su favor, pero con la certeza, a menudo de buena fe, de que eso sería plenamente coherente con un interés superior.

Este interés superior no es un «hecho» objetivo ni se nos presenta con la limpia simplicidad de una religión revelada; ha de ser necesaria y continuamente *interpretado*. Por una vez, la cosa en sí es en realidad interpretación: la misma praxis y el mismo comportamiento que antes se consideraban legítimos no solo pueden volverse ilegales debido a la aparición de una nueva norma, sino incluso convertirse en auténticos tabúes a ojos de quienes hasta ayer mismo los respetaban.

Con frecuencia, cuando en una conversación con amigos y conocidos queremos convencerlos de que se comporten de una determinada manera, les explicamos que es por «su propio interés», el cual muy a menudo creemos conocer mejor que los interesados directos. Sin embargo, en qué consista precisamente ese interés depende de qué considere cada persona que puede hacer, de los objetivos que crea legítimo proponerse, de las praxis que le parezca conveniente u honorable —o ambas cosas a la vez— adoptar.

Schumpeter sostenía que los éxitos del capitalismo, que él mismo se había encargado de destacar (el lujo de ayer hoy barato), implicaban cambios extraordinarios en la vida cotidiana de los más pobres, pero moderados para los poderosos. «La iluminación eléctrica no es un gran regalo para quienes disponen del dinero que requiere comprar suficiente cantidad de velas y pagar a la servidumbre necesaria para asistirles»[6]. Los alimentos congelados no son de gran utilidad para quien tenga una cocinera que le prepare la comida. De aquí el malestar que en las clases aristocráticas provocó el surgimiento de la sociedad burguesa.

El marco en el que interpretamos nuestro interés es una construcción más o menos consciente de las personas que se recrean precisamente en enseñar a los demás cómo se ha de estar en el mundo: los intelectuales. Estos, como tantas veces se ha observado, tienden a sentir más antipatía por el mercado libre que el resto de la sociedad y, en consecuencia, les encanta producir las más variadas justificaciones para estrechar su perímetro. Con frecuencia, los intelectuales son individuos comunes, o poco más, que, salvo las excepciones de contadas estrellas, no ocupan las posiciones más elevadas de nuestra sociedad, pero que, de modo sorprendente, han hecho propio el punto de vista que

---

6. Schumpeter, *Capitalismo, socialismo e democrazia*, cit., p. 65 (*Capitalismo, socialismo y democracia*, cit.).

los aristócratas de ayer tenían sobre el capitalismo, esto es, disgusto estético y reprobación moral[7].

Algunos de los pensadores más prominentes del siglo pasado han indagado los motivos de esta aversión. Según Schumpeter, la sociedad burguesa mejora los niveles de vida, puesto que aumenta la población y, con el paso del tiempo, cada vez es más tardía la incorporación al mercado de trabajo. En el mundo agrícola, los niños (la mayoría de los cuales no llegaba a la edad adulta) participaban en la producción desde su más tierna edad. La sociedad industrial ha prohibido el trabajo de los menores y poco a poco prolonga su escolarización, lo que tiene como consecuencia un gran número de personas instruidas, algunas de las cuales aspiran a un empleo acorde con el hecho de serlo. Pero por mucho que se prolongue la escolaridad obligatoria y por mucho que se multipliquen las escuelas y las universidades, las plazas de profesores titulares (esto es, el nivel máximo de la carrera) nunca serán suficientes para satisfacer el deseo de todas las personas que piensan tener derecho a ellas. Además, en el momento en que las competencias de los intelectuales suban su nivel, se verán consecuentemente remuneradas. En esto, como en todas las cosas, rige la ley de la oferta y la demanda. Es cierto que los Beatles

7. Sobre la hostilidad aristocrática respecto a la sociedad burguesa y sobre el modo en que la han reinterpretado los intelectuales, merece siempre la pena volver a S. Ricosa, *La fine dell'economia*, Milán, SugarCo, 1986.

se han hecho riquísimos porque han producido música en tiempos en los que era más fácil proteger los derechos de autor, pero también porque fueron los primeros en hacer lo que hicieron. Hoy, en todo el mundo, millones de clones de los Beatles dan testimonio de su existencia en YouTube, pero ni los mejores lograrán igualar su riqueza.

Lo mismo es válido para los periodistas, los profesores universitarios, los *youtubers* y todas las futuras encarnaciones del intelectual público que con seguridad las nuevas tecnologías harán viables. Desasosiego, descontento, rabia: he aquí el origen del deseo de reorganizar el mundo, de trasmutar su escala de valores, de restituir a las cosas verdaderamente importantes el espacio que se merecen[8].

Robert Nozick (1938-2002) abordaba esta cuestión desde otro punto de vista. El intelectual, por lo general, es una persona que ha tenido siempre buenos resultados escolares, que, desde la escuela primaria hasta la universidad, ha sido el primero de la clase[9]. Los intelectuales pasamos muchísimo tiempo en los pupi-

---

8. La síntesis es un poco torpe, pero corresponde a ciertas ideas de Schumpeter, *Capitalismo, socialismo e democrazia*, cit. (*Capitalismo, socialismo y democracia*, cit.).

9. R. Nozick, «Perché gli intellettuali si oppongono al capitalismo?», ahora en *id.*, *Puzzle socratici* (1997), Milán, Cortina, 1999, pp. 333-352 (ed. original: «Why Do Intellectuals Oppose Capitalism», 1986, publicado posteriormente en *Socratic Puzzles,* Cambridge, Mass., Harvard University Press, 1997; hay trad. cast.: *Puzzles socráticos*, Madrid, Cátedra, 1999).

tres, aproximadamente la cuarta parte de nuestra vida, y por eso no es casual que muchos años después continuemos viéndonos en el espejo como nos veían nuestros compañeros de bachillerato (¡socorro!). Para el intelectual, afirmaba el filósofo de Harvard, la salida de las aulas y el ingreso en el mundo del trabajo es una conmoción, porque de pronto cambian los criterios de evaluación del mérito. Ya no se trata de un docente que nos asigna una calificación sobre algunas de nuestras capacidades, como la inteligencia matemática, el estudio meticuloso, la aptitud para memorizar. La economía de mercado simplemente premia, a veces, el hecho de estar en el lugar adecuado en el momento preciso, a veces la capacidad de relación personal, otras incluso extravagantes obsesiones, incomprensibles para quien ha perdido dioptrías a fuerza de leer. Es precisamente esto, que el mercado sea muchas cosas pero nada que se parezca a una gran escuela, lo que provoca el estallido de resentimiento. He aquí el origen de la aprobación de los intelectuales (no exenta de cierto trasfondo de envidia) a los primeros de la clase que han conseguido salir adelante, a los que también destacan en la vida pública por los mismos méritos que se les reconocían en los tiempos de la escuela, a los profesores de política, a los mejores *técnicos*. Estas son las historias que los apasionan. En efecto, las personas cultas (o las que suponen serlo) tienden a creer en los milagros de los técnicos en política, casi del mismo modo en que las personas incultas (o descartadas en cuanto tales) creen en los milagros de los líderes populistas. El psicólogo canadiense Keith Stanovich ha sugerido, entre tantas perturbaciones cognitivas, la existencia de la «*dis*racionalidad», lo que significa que las elevadas capacidades cognitivas no se corresponden necesariamente con la capacidad de pensamiento racional, esto es, la de evaluar convicciones y observaciones empíricas[10].

4. Un pensador contemporáneo fundamentalmente autodidacta, Eric Hoffer (1902-1983), contraponía dos arquetipos: el escriba y el mercader. Aun cuando «la escritura se inventó para tomar nota de la entrada y salida de las mercancías de los almacenes», muy pronto surgió una clase particular de individuos, pues «durante dos milenios tras su aparición, la escritura fue una práctica bastante compleja, cuyo dominio exigía la dedicación de toda una vida»[11].

Desde el momento en que no se trata de un productor propiamente dicho, el escriba necesita una condición definida con precisión para que su obra sea reconocida, un vínculo con el trabajo del mundo externo que demuestre su utilidad y un sistema de promoción automático que le proporcione una sensación de crecimiento. Teóricamen-

10. K. E. Stanovich, «Dysrationalia. A new specific learning disability», en *Journal of Learning Disabilities,* noviembre de 1993, pp. 501-513.
11. E. Hoffer, *The Ordeal of Change* (1952), Titusville, NJ, Hopewell, 2006, p. 60.

te, todas estas exigencias son satisfechas por los Estados y el cargo de funcionario público[12].

Era una actividad reservada a pocos, y los pocos que la ejercían estaban convencidos de ser indispensables. Por el contrario,

el comercio es una forma de autoafirmación connatural a la gente común; se trata de una actividad que desde ciertos puntos de vista resulta subversiva por cuanto no doctrinaria, antiheroica y no gobernada desde fuera, pese a lo cual está incesantemente en condiciones de socavar de raíz y ahuyentar las pretensiones de dominación totalitaria[13].

En una sociedad en la que el bastón de mando recae en los escribas, el intercambio está estrictamente regulado y se lo considera una actividad necesaria, pero de segundo orden y no de las más nobles, por cierto. «Cuando el escriba llega al poder, encuentra gran placer en la posibilidad de arrancar objetos tangibles de manos de las personas prácticas»[14], como bien sabe cualquier persona que haya tenido que ir alguna vez al ayuntamiento a solicitar un permiso.

Hoffer, que había sido obrero portuario antes de publicar, con cincuenta años cumplidos, un libro de gran éxito *The True Believer* (*El verdadero creyente*), piensa

12. *Ibid.*, p. 88.
13. *Ibid.*, p. 61.
14. *Ibid.*, p. 62.

que nada tiene tanta potencia destructiva del orden social como «una masa de escribas sin un empleo a tono con sus pretensiones de una posición social reconocida»[15]. A semejanza de Schumpeter, también Hoffer observa que la sociedad contemporánea produce un elevadísimo número de personas instruidas que no consiguen satisfacer las ambiciones que les han enseñado a cultivar.

> Este ejército de escribas defiende a voz en cuello una sociedad en la que predominen la planificación, la regulación y la supervisión, prerrogativas de los instruidos, quienes aspiran a recrear la edad de oro de los escribas, a un retorno a algo que guarde alguna semejanza con la sociedad dominada por los escribas del antiguo Egipto, China y Europa medieval[16].

Hoffer escribe esto a mediados del siglo XX. En parte, lo que temía se ha hecho realidad. La idea predominante en nuestros días es que un mundo complejo necesita normas complejas y una amplia clase de *técnicos* que las escriban y las hagan respetar. Estas normas pueden «desviar» la economía de mercado de lo que sería su desolador curso natural, por ejemplo, hacia una «responsabilidad social» que incluya el respeto al medio ambiente y a determinadas producciones, pero no a otras.

15. *Ibid.*, p. 94.
16. *Ibid.*

Los escribas son cada vez más importantes en todas partes, incluso porque precisamente en el sector privado resulta cada vez más privilegiado quien ha invertido en su capital humano, lo que quiere decir haber estudiado durante mucho tiempo, si es posible en las universidades «adecuadas», para poder luego contribuir a producciones cada vez más complejas.

Creer que sin un doctorado en Stanford es hoy imposible convertirse en un gran empresario y que la época de los *self made men* capaces de levantar un imperio a base de intuición ha quedado definitivamente a nuestra espalda no es más que un modo de consolarse. Un desprejuiciado y brillante *venture capitalist* de nuestros días, Peter Thiel, movido por la convicción de que la mayor parte de las personas, incluso brillantes, pasan demasiado tiempo en las aulas universitarias estudiando cosas que no les interesan, financia a jóvenes que quieran abandonar la universidad para perseguir un objetivo empresarial. ¿Es un pensamiento «populista»? Tal vez, pero ¿qué tienen en común Bill Gates, Paul Allen (1953-2018), cofundador de Microsoft, Steve Jobs (1955-2011), Jack Dorsey, Mark Zuckerberg, Travis Kalanick, fundador de Uber, Matt Mullenweg, fundador de WordPress, Arash Ferdowsi, fundador de DropBox, Lee Buyng-chul (1910-1987), fundador de Samsung, y Mike Lazaridis, fundador de BlackBerry? Dos cosas: todos se han hecho multimillonarios con las nuevas tecnologías y ninguno ha completado sus estudios universitarios.

# IV. La pasión por la razón

1. Decir que el siglo XIX ha sido el del liberalismo y el siglo XX el del Estado es una tosca simplificación, sin duda. Pero las hay peores, por supuesto.

Jacob Burckhardt (1818-1897), que tenía más de una reserva sobre su siglo, nos deja esta lección:

> No hay en la Tierra una suma tal de excelencias que permitan a un pueblo decir «somos completamente autónomos», ni tampoco «preferimos lo nacional», porque este criterio no puede ser válido ni siquiera respecto de los productos nacionales, ya que, en las mismas condiciones de calidad, incluidos aduana y transporte, se busca sencillamente el producto más barato o, a igualdad de precio, el mejor[1].

1. J. Burckhardt, *Considerazioni sulla storia universale* (1905), Milán, SE, 2016, pp. 20-21 (ed. original: *Weltgeschichtliche Betrachtungen*; hay

Lo que caracteriza al siglo XIX son las relaciones e intercambios fabriles. Fue una época —ha escrito Stefan Zweig (1891-1942)— marcada por la ilusión de que el progreso de la humanidad estaba destinado a ser lineal y rápido, y que al progreso tecnológico le seguiría un progreso moral igualmente rápido. Zweig, que en su juventud fue socialista y no tardó en adoptar la pluma como arma para luchar contra las injusticias derivadas precisamente de la burguesía a la que pertenecía su familia, en los años treinta pensaba que aquella ilusión era mucho más «maravillosa y noble, más humana y fecunda que las consignas actuales»[2].

La nostalgia de aquello que no se ha vivido es la más lisonjera. Es fácil exagerar y olvidar, por ejemplo, que la larga paz que siguió a las guerras napoleónicas está en realidad tachonada de conflictos, empezando por la guerra de Crimea. Hay quienes leen la historia como una larga marcha en la conquista de «derechos» y, por tanto, les resulta fácil imaginar que a los derechos «liberales» conquistados en los albores del siglo les han seguido, con perfecta continuidad, los derechos «sociales» y luego incluso los «nacionales». Para no salir de Inglaterra, que es donde más justificada está esta visión linealmente optimista de la historia,

trad. cast.: *Reflexiones sobre la historia universal,* prólogo de Alfonso Reyes, México, Fondo de Cultura Económica, 1961).
2.  S. Zweig, *El mundo de ayer*, trad. de Eduardo Gil Bera, Madrid, Alianza Editorial, 2025, p. 23 (ed. original: *Die Welt von Gestern. Erinnerungen eines Europäers,* Estocolmo, 1942).

habría un hilo rojo que une la emancipación de los católicos de 1828, la ampliación del sufragio, la abolición de las «cargas tributarias sobre el conocimiento» que retardaban la difusión de las revistas (del impuesto a los periódicos a la tasa sobre el papel), la obligación, por ley, de dotar a los trenes de vagones de tercera clase, etc. Se trata de una lectura simple y simplista de fenómenos complejos. Por lo demás, el siglo del liberalismo también es el siglo en que comienzan a incubarse las ideas nacionalistas, destinadas a convertir literalmente a toda Europa en un campamento militar.

Sin embargo, es cierto que en el siglo siguiente la música cambia. Las ideas liberales pasan del centro a la periferia del debate público, lo cual tiene las consecuencias, o al menos las más trágicas, que todo el mundo conoce. En su último trabajo, titulado *Leopoldstadt*, Tom Stoppard narra las vicisitudes de una familia judía de Viena entre 1899 y la Segunda Guerra Mundial. Uno de los protagonistas, Hermann, al frente de la empresa familiar, vive su vida con todo el entusiasmo de un judío plenamente asimilado, que es y se siente vienés, expresión de la mejor sociedad, súbdito leal del emperador, protagonista de una época de progreso social. Es la ilusión de Zweig, que los golpes de mortero de la Primera Guerra Mundial hicieron añicos y cuya «nobleza y belleza» hoy en día mucha gente prefiere ignorar.

A ojos de la mayoría, la economía de mercado deja de ser un sorprendente mecanismo que transforma el rostro del planeta para convertirse en un reloj destinado a romperse y que por eso es menester reparar antes de que comience a dar mal la hora. Lo que ha de cambiar son las expectativas acerca de «qué puede hacer por ti tu país». El liberalismo decimonónico había intentado reducir la política a la administración. En primer lugar, el gobierno debía obedecer un conjunto de reglas que las respectivas constituciones establecían negro sobre blanco y que limitaban la arbitrariedad de los soberanos. Desde el punto de vista local, tal vez había que ocuparse de situaciones de malestar o dificultad social, pero con el pragmatismo de quien conoce a la perfección un territorio determinado. A veces salían a relucir las antiguas consignas del proteccionismo y se apelaba a algún «interés nacional». No obstante, uno de los libros más vendidos de la época fue *Self-Help*, de Samuel Smiles (1812-1904), título que se tradujo en italiano como *aiutati che il ciel t'aiuta* («ayúdate, que el cielo te ayuda»).

Que un político contemporáneo, al menos en la Europa continental, predique el «ayúdate, que el cielo te ayuda» es tan inimaginable como que ejerza el arte de la política en su dimensión estrictamente limitada de buena administración. Nicolás Gómez Dávila (1913-1994) dice que la paciencia del pobre no es virtud, sino cobardía[3]; y no solo la paciencia del pobre, sino también la de las clases medias, los sindicatos, las asociaciones empre-

---

3. N. Gómez Dávila, *Escolios a un texto implícito I*, Bogotá, Instituto Colombiano de Cultura, 1977, p. 194 (reed. Barcelona, Atalanta, 2009).

sariales, los empleados públicos, los trabajadores del espectáculo, etc. La liberación de los antiguos vínculos de una sociedad constituida por castas y corporaciones ha echado a nuestras espaldas la carga de una nueva inquietud. En una «sociedad en la que el crecimiento de la riqueza material y la multiplicación de las oportunidades de vida son realidades tangibles», como ha escrito Luciano Pellicani (1939-2020), la «cultura de la resignación» ha dejado paso a la «cultura de las reivindicaciones»: «la revolución de las expectativas crecientes ha dado lugar a frustraciones cada vez mayores»[4].

Estamos muy lejos de la melodía del siglo XIX. Hemos aprendido a pedir a la política otra cosa; mejor dicho, hemos aprendido a *exigir*. Durante unas décadas hemos pedido a la política nada menos que la forja del hombre nuevo, distinto de su imperfecto predecesor. El historiador Conquest (1917-2015) pensaba que el siglo XX fue el de «las ideas asesinas», todas ellas atravesadas por la hostilidad al comercio.

2. Muchos autores atribuyen gran importancia a una contradicción que Engels formuló con particular eficiencia en su ensayo sobre la evolución del socialismo utópico a la ciencia (esto es, del premarxismo al marxismo). En el siglo del liberalismo, la multiplicación de la actividad comercial lleva al extremo «la anarquía de

4. L. Pellicani, *Anatomia dell'anticapitalismo*, Soveria Mannelli, Rubbettino, 2010, p. 215.

la producción», pero las empresas capitalistas tienden a consolidarse. Estas entidades se hacen más grandes y más verticales hasta convertirse en «organizaciones» en las que, al menos desde el punto de vista interno, el espacio para la libre iniciativa se ve notablemente reducido en relación con el de tiempos pasados, y que, en cambio, obedecen a una lógica de planificación cada vez más rigurosa. El fin de siglo es el período en que se producen grandes innovaciones en los mercados financieros, las empresas se arriesgan a dotarse de más capital y se observa una consolidación que resulta evidente en los *trusts* estadounidenses. «La contradicción entre producción social y apropiación capitalista se presenta ahora *como antagonismo entre la organización de la producción en la fábrica individual y la anarquía de la producción en la sociedad en su conjunto*»[5].

La sociedad habría de convertirse en una gran empresa, en un gran *trust*. Al fin y al cabo, ese es el camino que ha seguido. El *socialismo* no es nada más que el paso siguiente e inevitable. «Organicemos la gran industria a partir de lo que el capitalismo ya ha creado» es el llamamiento de Lenin (1870-1924)[6].

---

5. F. Engels, *L'evoluzione del socialismo dall'utopia alla scienza*, Milán, A. C. Editoriale Coop, 2006, p. 110 (ed. original: *Socialism: Utopian and Scientific*, 1880; trad. cast.: *Del socialismo utópico al socialismo científico*, en K. Marx y F. Engels, *Obras escogidas en dos tomos*, Moscú, Ediciones en lenguas extranjeras, t. II, pp. 92-161].
6. Lenin, *Stato e rivoluzione* (1918), Milán, Edizioni Lotta Comunista, 2003, p. 65 (hay ed. cast. con introducción de Jesús Andrés, *El Estado y la revolución*, Madrid, Alianza Editorial, 2012).

Atención: no es necesario ser marxista para pensar que la organización social está destinada a ocupar el lugar de la anarquía del mercado. La famosa tesis por la cual se han ampliado tanto la «propiedad» como el «control» de las empresas se afirma en los años treinta, tras la huella del *New Deal*. Son años en los que muchos piensan que, para garantizar la supervivencia del capitalismo, hay que arrebatárselo a los capitalistas. La gran empresa exige una gestión (*management*) profesional e independiente, escogida por mérito y no simplemente por el azar de haber nacido en el seno de familias que poseían una compañía o que ya operaban en un sector determinado. Las grandes empresas, dice Keynes en *El fin del laissez-faire*, «tienden a socializarse»: «los propietarios del capital, es decir, los accionistas, no tienen prácticamente relación con la administración, por lo cual el interés personal directo de los administradores en el logro de grandes beneficios pasa completamente a segundo plano»[7]. La gestión empresarial se muestra cada vez menos como mera cuestión de intuición y mejoras prácticas. Hacen falta clases dirigentes preparadas en la universidad o en escuelas *ad hoc*. Obviamente, el fenómeno se inserta en elementos de orden fáctico difícilmente discutibles, como la interconexión cada vez mayor y más compleja

---

7. J. M. Keynes, *La fine del laissez-faire*, en *id.*, *La fine del laissez-faire e altri scritti economicopolitici*, Turín, Bollati Boringhieri, 1991, pp. 38-39 (ed. original: *The End of Laissez-faire*, 1926).

de los mercados, que requiere un entrenamiento específico para navegar por ellos con cierta serenidad. Los capitales necesarios para ampliar la producción se consiguen en los mercados financieros, donde la aparición de empresas de accionariado difuso hace difícil distinguir quiénes son sus «dueños». Esto es lo que ocurre también en nuestros días. En efecto, quien compra una acción no lo hace porque desee convertirse, por una ridícula cuota, en propietario de la empresa, sino con vistas al beneficio esperado.

La versión italiana de la separación entre la propiedad y el control es el capitalismo de Estado. Los contribuyentes, voluntariamente o no, se ven obligados a ser propietarios del sistema bancario y, en consecuencia, de las empresas públicas de las que los bancos italianos son grandes accionistas. La ambición del poder político es poner al frente de esas empresas a directivos de elevado perfil que conduzcan al país al desarrollo.

Por tanto, la idea de que es necesario superar el viejo liberalismo se alimenta de las innovaciones en la gestión y en la organización; pero también de la innovación tecnológica. El primer ferrocarril de vapor iba más o menos a 30 millas (46 km) por hora. Hacen falta unos setenta años para alcanzar las 100 millas (160 km) por hora. El modo en que los seres humanos se desplazan por el planeta, que durante siglos no conoció alteraciones, se acelera más allá de toda medida. Pensemos solo en nuestros abuelos, muchos de los cuales recuerdan el Topolino, condujeron con toda probabilidad un FIAT 500 en algún momento de su vida y antes de morir conocieron los automóviles más diversos en materia de comodidad, velocidad, ruido y espacios interiores. Entre el vuelo de los hermanos Wright y el primer vuelo comercial pasan treinta años. La vasta difusión de la iluminación eléctrica, tal vez uno de los mayores cambios de la era contemporánea, tuvo lugar en un lapso extraordinariamente breve. Gracias a las interconexiones de la economía de mercado, a finales de siglo XIX los descubrimientos científicos y los cambios tecnológicos tuvieron por primera vez un impacto casi instantáneo en la sociedad. Se comprende que, en un momento dado, haya habido mucha gente que pensara que, si éramos capaces de conseguir lo mejor de la naturaleza, no se necesitaba mucho más para poner orden en el caos de la vida social.

Hubo pocos que intuyeron el peligro. Conquest recuerda:

A mediados del siglo XIX, el escritor ruso Aleksandr Herzen decía que le daba miedo la llegada de un «Gengis Kan provisto del telégrafo». Y, en 1917, los dos primeros objetivos estratégicos que ocuparon los bolcheviques en la capital fueron el Palacio de Invierno y la oficina de telégrafo[8].

8. R. Conquest, *Il secolo delle idee assassine* (1999), Milán, Mondadori, 2000, p. 100.

Michael Oakeshott (1901-1990) fue un importante filósofo inglés que identificó el «racionalismo en política» como uno de los elementos típicos de la modernidad. Para este autor, el racionalista concibe la política como un conjunto de problemas a los que es preciso responder. Se inspira en la «mentalidad del ingeniero», entendida como mentalidad ordenada, anclada en determinados axiomas teóricos que describen *a priori* el mundo real y que, aplicados a la práctica, permiten actuar sobre él con la certeza de obtener los resultados previstos. Desde esta perspectiva, la realidad se convierte en una especie de *lego* en el que las piezas que han sido «mal montadas» se pueden desmontar y volver a ensamblar según sea necesario. El racionalista está dispuesto a recurrir a las circunstancias para dotarse de problemas, pero no para las correspondientes «soluciones», las cuales no pueden derivar de la manera en que se dan realmente los acontecimientos, pues eso sería para él una derrota. Por el contrario, han de pasar íntegramente a formar parte de algún proyecto. El párrafo más racionalista de la historia es producto de la pluma de Karl Marx. Helo aquí:

Una araña ejecuta operaciones que recuerdan las del tejedor, y una abeja avergonzaría, por la construcción de las celdillas de su panal, a más de un maestro albañil. Pero lo que distingue ventajosamente al peor maestro albañil de la mejor abeja es que el primero ha moldeado la celdilla en su cabeza antes de construirla en la cera. Al consumarse el proceso de trabajo, surge un resultado que, antes del comienzo de dicho proceso, ya existía en la imaginación del obrero, o sea, idealmente[9].

Lo que importa no es que el gato coja ratones, sino que el gato es un autómata cazarratones que alguien ha proyectado.

3. Soy consciente de que a algunos de los lectores que hayan llegado hasta aquí lo que acaban de leer les parezca paradójico. Los desastres del siglo XX —amplio muestrario que incluye dos guerras mundiales, el Holodomor, la Shoah, Hiroshima y Nagasaki, la gran escasez china...— no pueden en general atribuirse a un exceso de *esquemas* racionales, sino, por el contrario, al predominio de una política que se apoya en nuestros peores instintos: el miedo a lo distinto y la defensa de la raza, ambas cosas, a su vez, versiones de la eterna búsqueda del chivo expiatorio. Por el contrario, el capitalismo es un gran proceso de *racionalización*. En efecto, enseña a todos, tanto a sus protagonistas como a sus coprotagonistas, a echar cuentas para mejorar el respectivo rendimiento y dilapidar la menor cantidad posible de recursos; procede por objetivos, obliga incluso a los aprendices a vérselas con

9. K. Marx, *Il capitale*, Roma, Editori Riuniti, 1989, p. 212 (ed. original: *Das Kapital*, Hamburgo, 1867; ed. cast. con traducción de Manuel Sacristán, *El capital*, Madrid, Alianza Editorial, 2010).

los GANTT (abstrusos programas para la planificación de los proyectos); tiene obsesión por la contabilidad, porque es gracias a ella como la contienda económica se resuelve en vencedores y vencidos, en quien obtiene beneficios y quien cosecha pérdidas. La eficiencia del capitalismo, como ya hemos destacado, inspira en cierta manera a sus enemigos, que tienden a malinterpretar su evolución como gloriosas etapas de una historia teleológicamente orientada, en la que lo que viene después es necesariamente mejor que lo anterior. Otros destacan que precisamente esta «contabilidad universal» a la que estamos todos sometidos quiebra algo en los seres humanos, da lugar a nuevas inseguridades. Una sociedad capitalista es una sociedad mucho más móvil y, en consecuencia, un tanto desarraigada, en la cual los individuos han perdido los puntos de referencia que tenían en las sociedades tradicionales. Tal vez sea el debilitamiento de las antiguas certezas, diría Hoffer, lo que impulsa a buscar en otro sitio una compensación de la autoestima perdida y que se intenta reencontrar integrándose en algo que trascienda al individuo, como, por ejemplo, un auténtico movimiento revolucionario. El fenómeno, por cierto, no es nuevo, pues los rituales religiosos, en los que los individuos quedan anulados en el seno de grandes fenómenos comunitarios, se remontan a las primeras comunidades humanas. Pero en una sociedad secularizada son a menudo y voluntariamente sustituidos por la adhesión a una causa política. Esta adhesión tiene su origen en una necesidad prerracional y prepolítica. Sin embargo, en nuestros días, también estas necesidades prerracionales se articulan mediante un vocabulario impregnado de racionalismo.

Decíamos que en política habíamos aprendido a *exigir*, y exigimos precisamente porque estamos convencidos de tener respuesta, de que una intervención bien calculada de una u otra autoridad es capaz de resolver nuestros problemas. Los éxitos de nuestra racionalidad en el ámbito organizativo, empresarial y científico han permitido generar expectativas que hoy exceden con mucho nuestra *razonabilidad*. Lo que explica estas exigencias irracionales es que se nos ha enseñado que todo problema tiene necesariamente una solución, idea tan arraigada en nuestra manera de ver el mundo que nos parece obvia e irrefutable.

Que el siglo XX haya sido el del Estado se debe sin duda a individualidades insuperables, a gigantes (del mal) que ocuparon el escenario de la historia y solo lo abandonaron cuando fueron obligados a hacerlo. Jugaron con nuestras inquietudes, condujeron a muchos de nuestros abuelos y a algunos de nuestros padres a creer en ideas que justificaban alegremente que rodaran las cabezas de quienes se oponían a ellas, y ya se sabe que de creer a obedecer y combatir no hay más que un pequeño paso. Pero estos personajes se diferenciaban de los «grandes» de la historia que los habían precedido. La «maquinaria» que tuvieron a su disposición era infinitamente más poderosa, puesto que ya nadie tuvo fuerza como para oponerse seriamente a la concentración de medios y recursos en manos del Estado.

Dado que el capitalismo es anarquía de la producción, mientras que la planificación centralizada es orden, ¿quién se opondrá al orden? Si la política dispone de los instrumentos tecnológicos y organizativos para ordenarnos la vida, iluminarla y darle un nuevo sentido, ¿quién aceptará seguir viviendo como un canto rodado? Si la historia tiene una orientación, o, mejor aún, si podemos encargar su timón a personas capaces de imprimírsela, ¿por qué obstinarse en remar en solitario y todos a la vez?

Muy a menudo se afirma que el éxito del fascismo en Italia, del nazismo en Alemania y (agregan los más honestos desde el punto de vista intelectual) del comunismo en el Este es el éxito de un largo sueño de la razón, una suerte de vacaciones que la razón se tomó durante unos años. No es más que un pensamiento para consolarse. El triunfo de las «ideas asesinas», por retomar la eficiente expresión de Conquest, era completamente previsible, del todo coherente con lo que se había sembrado: cambian los «problemas» por resolver, pero el siglo XX es un siglo de «soluciones», soluciones que dan señales de agotamiento. Pensemos tan solo en las consecuencias de la división «racional» de los territorios del antiguo Imperio Austrohúngaro tras la Primera Guerra Mundial, la mayor bomba de relojería que jamás se haya preparado. Pero dicha experiencia no nos inhibe en absoluto de continuar con el juego del *national building,* ya se trate de proyectar el mapa de Europa tras la disolución de la Unión Soviética, ya de establecer fronteras en regiones del mundo —Oriente Medio, por ejemplo— de las que los occidentales tan poco sabemos.

Una economía de mercado vive de «soluciones», todas rigurosamente temporales y precarias, para los más variados problemas. Una división del trabajo más compleja y elaborada implica más exigencias, más problemas y más intentos de darles respuesta. La política hace más o menos lo mismo, pero, a diferencia del mercado, no se basa en acuerdos voluntarios, sino en la coerción. Por ello, una vez adoptada una solución, no se puede uno dirigir a la tienda de enfrente ni a un proveedor de la competencia.

Esta indebida superposición de dos planos que deberían ser inconmensurables —las actividades de una empresa individual y las de todo un país— nos acompaña todavía hoy y no nos liberaremos tan pronto de ella. También se da «en la derecha». En efecto, luciendo sus chaquetas cruzadas y sus corbatas patronales, Silvio Berlusconi se proponía hacer funcionar a Italia de la misma manera que sus empresas. Siempre es fácil concebir una gran sociedad, en la que millones de individuos persiguen diferentes objetivos con recíproca ignorancia de los objetivos de los demás, como si fuera una respetabilísima empresa cuyos directivos se sientan alrededor de una mesa y convergen en una única estrategia. La motivación cultural que ha marcado el siglo del Estado y su constante expansión es precisamente la nacionalización de los distintos factores de la producción —y no solo en los países del Este—, la construcción de aparatos de regulación que orientan la producción privada en la dirección deseada por la instancia política de decisión, la colectivización de la asistencia médica y una cierta cuota de ahorro con fines preventivos.

4. Durante mucho tiempo se ha considerado a John Maynard Keynes el «salvador» del sistema capitalista, el que volvió a poner la casa en orden, evitando así que en los países «occidentales» ocurriera algo equivalente al asalto al Palacio de Invierno. En 1926, Keynes escribe un esclarecedor ensayo titulado *El fin del laissez-faire*. En estas páginas se emplea una prosa brillante, como lo era siempre en Keynes antes de la *Teoría general*. Lo que muchos consideran su obra maestra está escrita en una oscura jerga iniciática. Keynes había comprendido que para influir en los intelectuales tenía que darles la impresión de que con la lectura de su libro desvelarían un misterio impenetrable para la mayoría.

En 1926, el economista inglés acepta que la explosión de riqueza del gran enriquecimiento se debía al capitalismo de libre mercado, que nunca había conocido una «dirección» y en el que la intervención del Estado había sido escasa o nula. Pero, sostiene, los tiempos han cambiado, de modo que también deben cambiar las reglas. Hoy, algunas de las propuestas de Keynes nos parecen obviedades; por ejemplo, desde el momento en que, cada vez con más frecuencia, las grandes empresas son sociedades anónimas y la «propiedad» se ha separado del «control», merece la pena hacer públicos los balances. Otras, en cambio, ponen en evidencia el «racionalismo» del que Keynes ha sido indiscutido campeón. Por una parte, auspicia una socialización parcial de las inversiones, con la convicción de que el Estado, al disponer de una visión «panorámica» de la economía, puede decidir de un modo más inteligente que el inversor privado, cegado por la búsqueda del beneficio y por las ambiciones a corto plazo. Por otra, augura «una equilibrada política nacional en torno a la cuestión de la magnitud más conveniente de la población, si mayor, igual o menor que la presente»[10]. En resumen, el Estado, que tiene la obligación de respetar la plena soberanía del individuo en su dormitorio, ha decidido planificar cuántos hijos ha de tener la familia. Keynes pensaba que había que reducir la natalidad, mientras que otros, en cambio, querían incentivarla. Tanto en un caso como en el otro, lo «privado» solo puede convertirse en «político» si el agente público lo inviste de una racionalidad superior en el ordenamiento de los

---

10. Keynes, *La fine del laissez-faire*, cit., p. 41 (ed. original: *The End of Laissez Faire*)

recursos y en la organización de toda la población. Casi nada.

Si estas son las premisas intelectuales —una ambición desenfrenada en relación con los objetivos y la convicción de disponer de la totalidad de los instrumentos más adecuados—, su inevitable consecuencia es la expansión del perímetro del Estado, junto con la reducción del capitalismo a la condición de elemento a él subordinado.

# V. El siglo del Estado

1. Formidables, aquellos años. Es difícil siquiera imaginar la sensación de euforia que habría de propagarse entre los intelectuales de medio mundo cuando la Revolución de Octubre trasladó el socialismo del ámbito de las ideas al de los *hechos* políticos. Lincoln Steffens (1866-1936) regresa a su casa liberado del lastre de las dudas: he visto el futuro, y funciona. Sidney (1859-1943) y Beatriz Web (1858-1943), los dos impulsores de la Sociedad Fabiana de Inglaterra, visitan la Unión Soviética y escriben unas mil páginas preguntándose si el socialismo soviético representa una «nueva civilización». Están convencidos de hallarse ante la «aplicación del método científico a la organización social».

En Viena, en 1920, un economista judío en el umbral de la cuarentena piensa otra cosa[1]. Ludwig von

1. L. von Mises, *Il calcolo economico nello Stato socialista* (1920), Turín, IBL Libri, 2013 (ed. original: *Die Wirtschaftsrechnung im sozialis-*

Mises es un gran excéntrico. Economista teórico, nunca encontrará un trabajo estable en la universidad, ni siquiera en Estados Unidos, donde llegará tras huir de la *Anschluss*. Sin embargo, Mises es un caso prácticamente único entre sus colegas: el de un economista cuyas profecías se verán cumplidas.

En su mesa de trabajo, en 1920, Mises reflexiona sobre la nueva economía planificada que acaba de aparecer en Oriente y sobre los problemas que esta plantea a sus «gestores». Los agentes económicos están continuamente llamados a escoger. Los consumidores eligen qué necesidades satisfacer con los medios de que disponen, si comprar un CD o un libro, si ir a comer una pizza o al cine o si cambiar el *smartphone* o hacer un viaje. Pero ese mismo problema, el del empleo de recursos escasos, también lo tienen los productores.

Imaginemos un industrial que tenga que producir una determinada mercancía. Deberá realizar toda una serie de elecciones. Tendrá que escoger cómo combinar unos bienes que podemos llamar «de orden superior», alejados del momento del consumo pero esenciales para producir un bien de consumo. Por ejemplo,

*tischen Gemeinwesen;* trad. cast.: *El cálculo económico en la comunidad socialista*, Lima, Qhatu Editorial, 2024). Mises escribió un ensayo mucho más amplio, que lleva por título *Socialismo. Analisi economica e sociologica* (1922), Soveria Mannelli, Rubbettino, 2020 (ed. original: *Die Gemeinwirtschaft: Untersuchungen über den Sozialismus*; hay trad. cast. de Luis Montes de Oca, *Socialismo. Análisis económico y sociológico,* Buenos Aires, Instituto Nacional de Publicaciones de Buenos Aires, 1968).

las materias primas y las máquinas e, indirectamente, las máquinas necesarias para producir máquinas. En una economía de mercado, estas cosas son de propiedad privada y su propietario solo está dispuesto a cederlas a cambio de un pago que estime razonable. Las elecciones del empresario serán «económicas» en el caso de que, dicho con crudeza, el valor de la producción supere el coste de los *insumos*. En tal caso, se pone en evidencia el estigma satánico del sistema capitalista, esto es, el abominado beneficio. El beneficio no solo es el nexo entre el capitalismo y lo peor de la naturaleza humana, esto es, el egoísmo adquisitivo, capaz de malograr a los mejores seres humanos. Para las empresas no es un medio de autocomplacencia, sino ante todo una *señal*, la comprobación de que están haciendo bien las cosas. Ya sea una improvisada firma china que haya decidido dedicarse a la producción de guitarras, ya sea un lutier de la más antigua prosapia, han de tener claro qué recursos necesitan para emprender sus respectivas producciones.

¿Qué harán para saber cuáles son esos recursos? Tendrán que empezar con una conjetura acerca de la valoración de los consumidores. Es un proceso retrospectivo. Primero piensan qué precio intentan obtener de su cliente, que es, a su vez, el reflejo de las pretensiones y conocimientos de este (es improbable que un músico profesional compre una guitarrita de 100 euros, así como lo es que una madre y un padre busquen un violín valioso, antiguo y perfectamente restaurado

para un hijo que ni siquiera está seguro de querer to-
carlo). Partiendo de esta base, determinan qué materias primas, qué instrumentos y qué trabajadores ha-
brán de emplear. A su vez, la disponibilidad de cada
uno de esos factores productivos depende del uso alternativo que, en un momento dado y sobre la base de
las tecnologías disponibles, es posible hacer de ellos.
Si, por ejemplo, mañana se descubriese que las crines
de caballo son el material ideal para la última milla de
las redes telefónicas, con toda probabilidad el precio
de los arcos de violín aumentaría ostensiblemente.

Pero supongamos que las conjeturas resulten erróneas, que, a un cierto precio, el comprador no compre. Llegado a este punto, el empresario debe reflexio-
nar: ¿puede apelar a otros factores productivos y
tratar así de bajar el precio? ¿O no le queda otra alternativa que retirarse del mercado porque no hay manera de interesar en su producto a un número suficiente
de personas? No son decisiones que puedan adoptarse de manera definitiva. Un empresario tenderá continuamente a procurar «sustituir» determinado factor
por otro más económico, un método de producción por
otro más eficiente, una materia prima por otra de la
que pueda disponer de modo más inmediato.

En una economía relativamente atrasada y cerrada
como, por ejemplo, una pequeña comunidad de un
pueblo de montaña aislado del mundo, se trata de decisiones relativamente simples. Son pocas personas y,
en consecuencia, la especialización no podrá superar

cierto nivel. Sus habitantes se limitarán a satisfacer los consumos más urgentes, de modo que no habrá muchas necesidades a las que responder mediante intercambios económicos. Completamente distinta es la situación en una economía en la que participan millones de personas, con otros tantos millones de necesidades, lo que da lugar a la gran ramificación de la división del trabajo. Muy a menudo se dice que la economía tiene que ver con el modo en que se asignan recursos escasos, y es verdad, pues si los recursos fuesen infinitos, ninguna de estas decisiones sería muy importante, dado que siempre se dispondría de medios para poner en práctica nuevos proyectos. El gran desafío de una economía compleja reside sobre todo en la coordinación de todas estas distintas iniciativas. El mercado es una suerte de tamiz que separa las iniciativas fructíferas de las que no lo son.

2. Muchas veces las decisiones de los empresarios son erróneas. Algunas de ellas resultan fácilmente reversibles; otras, no tanto. En general, no hay elecciones que no tengan costes. La propiedad privada lleva implícita la idea de responsabilidad: quien realiza la elección es quien disfruta de las ganancias o sufre las pérdidas. Su valor social reside precisamente en que realiza experimentos y trata de abrir nuevos caminos sin que la sociedad tenga nada que perder en ello. Ganancias y pérdidas tienden a ser proporcionales al capital invertido. Ante una inversión importante se suele tender a la pru-

dencia, o al menos a tratar de recabar toda la información posible para una mejor evaluación de aquella. Es lo que ocurre sobre todo cuando se requiere capital ajeno; los bancos no deberían prestar dinero alegremente. Pero los empresarios son seres humanos iguales a todos los demás, más o menos renuentes al riesgo, más o menos valientes. ¿No es acaso cierto que los excesivamente osados tienden a lanzarse de cualquier manera a nuevas iniciativas sin haberlas sopesado suficientemente, mientras que la cautela de otros hace descarrilar proyectos que tienen todo a favor para triunfar?

Los partidarios del «gobierno científico» creen que justamente por esto merece la pena centralizar el proceso de toma de decisiones. El capitalismo está plagado de duplicidades y de flagrantes errores. ¿De verdad son necesarias todas esas zapatillas deportivas de distinto tipo? ¿Qué se hace con aquellas cuyos color y diseño de fantasía no gustan a nadie? Centralizar las decisiones relativas a la producción permite tener una visión panorámica, conocer la economía de modo global y sus necesidades y no solo el minúsculo fragmento que un empresario tiene ante los ojos. El empresario es un ser humano más o menos dispuesto a asumir riesgos. Tal vez su temor a incurrir en grandes pérdidas pueda retenerlo. Pero el Estado, por el contrario, está en condiciones de desplegar ingentes inversiones sin que medie el interés personal.

Se trata de la idea, a la que ya hemos hecho referencia, de transformar toda la sociedad, toda la economía, en una gran fábrica con una única cabina de mando. Así las cosas, debería tomar del capitalismo lo poco de bueno que tiene, o sea, la tendencia a la *racionalización*, a la producción basada en criterios precisos y racionales, pero superando la mencionada «anarquía de la producción», la dispersión en miles de millones de productores —cada uno de ellos más centrado en sí mismo que en la colectividad—, destinada a obstruir el mecanismo. Únicamente con un Estado como director de orquesta se puede extraer de los factores productivos una auténtica armonía de sonidos.

El ensayo de Mises produjo un pequeño tsunami, porque negaba el lugar común según el cual la producción sería más *racional* si las decisiones importantes se confiaran a una única cabina de mando. Un Estado socialista, por supuesto, ha nacionalizado todos los factores de producción, lo cual quiere decir que todos ellos están a su disposición. Por tanto, se trata de llevar a la práctica el tipo de elecciones al que previamente nos hemos referido, esto es, decidir a qué fin destinar un terreno, escoger qué volumen de recursos es necesario invertir en la central hidroeléctrica o en la minería del carbón.

Pensar que el Estado está destinado a realizar mejores elecciones es fácil; más difícil es explicar «cómo».

El camino hacia atrás, que va del precio que el productor de un determinado bien piensa pedir al consumidor al precio que está dispuesto a pagar por un factor productivo, es un trayecto en el curso del cual se generan *conocimientos*. De antemano, no solo se ignora el valor de un cierto bien. Efectivamente, el joven italiano de primera generación que, con sus pocos ahorros, abre un quiosco de cocina étnica sabe qué precio «necesita» que le paguen los consumidores para compensar los costes y obtener un beneficio, pero *no* sabe si están realmente dispuestos a pagarlo, y quizá lo estén, al menos mientras no abra al lado del suyo otro quiosco que cocine platos igualmente exóticos, pero que les resulten más agradables. Sin embargo, el valor de los propios factores productivos es en realidad desconocido hasta que no se hace la prueba empírica, esto es, hasta que aumenten los intercambios. El valor de una cabeza de ganado, de una vaca de raza *chianina*, por ejemplo, depende de cuánto estemos usted y yo dispuestos a pagar por una *bistecca alla fiorentina* y no a la inversa.

La economía planificada funciona, o, mejor dicho, funcionaría, sobre la base de la idea opuesta. El planificador «sabe», por ejemplo, que la *chianina* es más apreciada que la *fassona*, y lo tiene en cuenta a la hora de organizar la gran cocina socialista: una se destinará a las fiestas de los miembros de Politburó mientras que la otra podrá ponerse a disposición de los otros cuadros del Partido; ciertos cortes menos apreciados se utilizarán para almuerzos y cenas cotidianos, mientras que el solomillo se reservará para las grandes ocasiones.

En este marco, como es obvio, la libertad de las personas no es un problema menor. Puede haber alguien que, aun sin ser un personaje importante ni tener nada que festejar, quiera comerse un filete de solomillo para compensar la depresión que le produjo que su novia lo dejara plantado. Pero si pensamos en una población frugal y austera, el valor de un buen filete dependerá por completo de la valoración que de él realicen las personas que la forman. Si mañana, por cuestiones de dieta o por motivos de orden moral, la población se volcase unánimemente al vegetarianismo, el valor de una cabeza de *chianina* o de *fassona* se reduciría drásticamente, y si nuestros avispados planificadores continuaran ordenando que en el Politburó se siguiera cocinando hermosos filetes, tal cosa no parecería ya un privilegio, sino un castigo.

En los años veinte del siglo pasado, el sueño del «gobierno científico» parece al alcance de la mano debido a la experiencia de la Primera Guerra Mundial. En ambas guerras mundiales se adoptaron formas de «socialismo de guerra» en el sentido de que las empresas recibían abastecimientos dependiendo de que el Estado lo considerara conveniente o no, mientras que toda una serie de bienes fue objeto de reconversión con fines militares. Antes que automóviles se producían carros de combate, etc.

El socialismo de guerra parecía funcionar bien, incluso para los empresarios que se dedicaron a fabricar armamento, quienes entablaron una relación cada vez más incestuosa con la política y, obviamente, bien retribuida. Pero, dejando de lado grandes y pequeños escándalos, esta situación afianzó en mucha gente la idea de que organizar la producción no era demasiado complicado. Sin embargo, había una diferencia fundamental. En tiempos de guerra, todos los recursos de un país deben ponerse al servicio de la única finalidad de derrotar al enemigo. En consecuencia, la «jerarquía» de las necesidades está muy clara y toda la economía nacional se reorganiza en función de ese objetivo.

En tiempos de paz, por fortuna, las cosas son algo distintas. No hay una jerarquía entre mi deseo de queso y el de leche de mi vecino. Que el empleo de un mismo recurso sea más urgente en un sector que en otro se descubre mediante los intercambios. Los intercambios monetarios sirven para transformar en un parámetro «objetivo» el precio al que se realiza un intercambio, las preferencias individuales de las personas. Pero estas preferencias no se declaran en una suerte de lista de actualización mensual o anual mediante la cual nuestros semejantes nos den a conocer que prefieren el sistema Apple al Android o a la inversa, sino que se comprueban en las transacciones, en el momento en que al abrir la billetera, por así decirlo, las inclinaciones personales se materializan.

3. El capitalismo es una suerte de rompecabezas. De lejos, se tiene la impresión de percibir una imagen coherente, pero en realidad cada uno de sus protagonistas maneja pocas piezas y trata de encajarlas como puede. Lo que permite encajar estas piezas son los

precios, que no son meras etiquetas adjuntas a un bien de consumo, sino el resultado de la historia de un determinado bien o servicio y que nos dan a conocer la escasez en relación con la demanda. La información que nos proporcionan los precios pone a nuestro alcance los datos más completos posible sobre el origen, los procesos, los costes de producción, etc. Sobre la base de cuánto nos viene a costar la integración de un determinado factor de producción en nuestra propia producción, podemos escoger si emplearlo o no, si nos satisface o si es preferible buscar por todos los medios un sustituto (por ejemplo, invirtiendo en innovación tecnológica). Es así como se orientan los empresarios (y un poco todos nosotros en cuanto consumidores) en medio de la gran variedad de alternativas posibles.

A falta de precios que orienten las decisiones de producción, los empresarios se hallarían a ciegas y los planificadores, sin brújula, se perderían en un mar de posibilidades económicas. La planificación socialista, explica Mises, no puede calcular el coste de una inversión en relación con las alternativas disponibles. Los zares de la economía socialista no sabrían si construir vías férreas de platino o de acero debido a su incapacidad para aplicarse a cálculos económicos racionales, lo que ha de entenderse como incapacidad para comparar diversos empleos posibles de los mismos recursos sobre la base de los precios de mercado.

Los mejores economistas socialistas no permanecieron indiferentes al trasfondo de las ideas de Mises. En efecto, admitieron que, aunque en la economía planificada no hay precios, nada impide simularlos. En lugar de asignar recursos sobre la base de una elección tan consciente como arbitraria de los planificadores (por ejemplo, nos interesa más enviar una perra al espacio que mejorar la calidad de los automóviles para la población civil), se podría, una vez al año, fijar «precios» que los gestores de las empresas estatales deberían utilizar para combinar los factores productivos en sus respectivas relaciones. En resumen, el director de la papelera del Estado no puede limitarse a dar una orden al productor de madera, sino que tendrá que hacerlo teniendo en cuenta una serie de precios. Eso impedirá que los árboles más preciados para la fabricación de muebles de lujo terminen transformados en libros de bolsillo como este.

El problema, replicó un discípulo de Mises, Friedrich August von Hayek (1899-1992), radica en que la mayor eficiencia de todo eso es solo relativa. En cualquier caso, también ante estos «precios», las decisiones relativas a la producción deberán adoptarse en reuniones periódicas de los directivos de las industrias estatales. La economía capitalista hace eso mismo de manera *automática*. En efecto, el productor de madera afronta la demanda, mientras que la industria papelera, a su vez, reflexiona sobre los clientes a los que habrá de servir. Los precios «verdaderos» no tienen por qué ser «adoptados», sino que simplemente *son*. La economía de mercado es un rompecabezas compuesto de manera inconsciente por productores y consumidores, cada uno de los cuales toma en consideración las piezas que tiene más cerca, con total ignorancia de la imagen de conjunto.

En 1920, Mises ya había intuido cómo podrían ir las cosas y cómo terminarían. Había comprendido que, en una economía planificada, la introducción de mejoras e incluso la propia asignación de los recursos habrían «funcionado» en la medida en que un país socialista hubiese podido mirar allende sus fronteras e inspirarse en el modo en que operaban las industrias privadas y los países con economía de libre mercado. Al parecer, entre las lecturas de los planificadores soviéticos se hallaban los inventarios «Postalmarket», nombre que recibió en Italia el primer catálogo para la venta por correspondencia ideado por la genial empresaria milanesa Anna Bolchini Bonomi (1910-2003). Imagine el lector una economía socialista de nuestros días echando una ojeada a Amazon para deducir, de los precios de esta empresa, cómo sistematizar los recursos de los que dispone.

El intento de «imitar» los precios en el seno de una economía planificada solo habría podido tener un (relativo) éxito en el caso de haber dispuesto de precios «privados» a los que imitar.

La crítica al socialismo impulsada por Mises y Hayek no tiene nada que ver, en sentido estricto, con los incentivos a los que se enfrentan los actores económicos. Un argumento clásico a favor de la propiedad privada es el siguiente: quien disfruta del producto de mi trabajo soy yo mismo, y precisamente por eso me esfuerzo en trabajar más. Las motivaciones de los agentes económicos no siempre coinciden con el deseo de ganar más dinero. Hay quien acepta de buen grado ganar un poco menos, por ejemplo, con tal de tener más tiempo libre. Hay quien trabaja frenéticamente movido por alguna idea peregrina, como la de que escribir un libro puede efectivamente inducir al lector a una cierta reflexión. Pero para la mayoría, el trabajo es nuestro modo de comprar la esperanza de mejorar nuestras condiciones de vida, como tener una casa más grande, cambiar el coche, salir a cenar no solo en Semana Santa o Navidad, etc.

Por esta razón, la historia del pensamiento está llena de autores que consideran la propiedad privada un elemento de corrupción. En general, se trata de autores que tienden a concebir el ser humano como una amalgama no del todo lograda de una parte racional y de una parte instintiva, la primera de las cuales nos permite concebir pensamientos elevados, mientras que la segunda nos impide despegarnos del suelo. Desde este punto de vista, la propiedad privada no es un concepto jurídico que disminuya los conflictos al brindarnos la posibilidad de distinguir con claridad qué es tuyo y qué es mío, sino que reduce a hombres y mujeres a su dimensión material y, en consecuencia, erosiona el sentimiento de comunidad e incluso la racionalidad misma, porque alimenta la avidez de la posesión. Según ellos, el afán de tener «cosas» es una suerte de apisonadora que arrasa con cualquier escrúpulo de índole moral. En ausencia de propiedad privada, no habría corrupción. Es el eterno mito de la vuelta a una edad de oro, de la construcción de un paraíso en la Tierra.

4. Pero los seres humanos son como son, incluido el afán de lucro. Henry Kissinger cuenta que, cuando acompañó a Richard Nixon (1913-1994) en la visita a la Rumanía de Ceauşescu (1918-1989) como parte del séquito del presidente, disfrutó de los «lujos de los jefes comunistas: una gran *suite* con piscina propia»[2]. En la época de la Unión Soviética, esta cuestión era objeto de todo tipo de chistes, que Ronald Reagan (1911-2004) hizo célebres en Occidente. Por ejemplo, este: Brézhnev (1906-1982), que ocupó el poder durante casi veinte años, desea mostrar a su madre lo bien que le ha ido. Le enseña un apartamento en el Kremlin, su dacha en el campo, su villa a orillas del mar Negro, su limusina Zil. «Todo eso está muy bien, querido —comenta la madre de Brézhnev—, pero ¿qué harías si volviesen los bolcheviques?».

No por verse liberados de la propiedad privada los seres humanos olvidan las seducciones del lujo ni aceptan consumos frugales a favor de una vida contemplativa y de valores más auténticos. La colmena de la *Fábula de las*

2. H. Kissinger, *Leadership. Sei lezioni di strategia globale* (2022), Milán, Mondadori, 2022, p. 222 (ed. original: Leadership: *Six Studies in World Strategy,* Londres, Allen Lane, 2022; hay ed. cast.: *Liderazgo: Seis estudios sobre estrategia mundial,* Madrid, Debate, 2023)

*abejas*, de Mandeville (1670-1733), se despuebla rápidamente y pierde su «bello aspecto» cuando Júpiter, de un plumazo, la vuelve absolutamente honesta. Pero las nacionalizaciones no tienen la fuerza del sortilegio del rey de los dioses y dejan a las personas, desgraciadamente, igual que antes. Lo que se reduce es la cantidad de cosas que es posible tener, no el anhelo de tenerlas.

En las sociedades socialistas, así como en aquellas de nuestro entorno gobernadas con criterios socialistas (no pocas), lo que acompaña al lujo no es la riqueza, sino el privilegio. La dacha de Brézhnev (o la piscina cubierta para los dignatarios extranjeros) es un privilegio de estatus, no el resultado de una operación mercantil de compra o de alquiler.

La socialización de las empresas no vuelve más humildes a los ambiciosos, sino que estos simplemente se adaptan a las reglas del juego. Pero la ausencia de propiedad privada, la reducción de los incentivos a trabajar más y la dictadura del proletariado (o el amor a la patria) en sustitución de motivaciones egoístas más banales tienen importantes consecuencias en la cultura en su conjunto.

En los años sesenta del siglo pasado, Eric Hoffer se preguntaba:

¿Cuál es el problema más grave que deben afrontar los dirigentes de un régimen socialista? La respuesta es sencilla: la principal preocupación de todos los gobiernos entre el Elba y el mar de China es cómo conseguir que la gente trabaje, esto es, cómo inducir a los habitantes de sus respectivos países a arar, sembrar, recoger la cosecha, edificar, cavar en las minas, y así sucesivamente [...]. Hay razones para quedarse absorto ante lo extraño de este fenómeno, a saber, que un movimiento que nació para realizar una milagrosa transformación del hombre y de la sociedad haya terminado por convertir en milagro algo que para nosotros es completamente obvio y natural. En Occidente, el problema no reside en cómo convencer a la gente de que trabaje, sino en cómo encontrar suficientes empleos para los que quieren trabajar[3].

En *La revolución traicionada*, Trotski (1879-1940) dice que «la lucha por la productividad del trabajo, junto con las preocupaciones de la defensa, constituye el contenido esencial de la actividad del gobierno soviético»[4]. El estratega de la Revolución, al que el estalinismo expulsó del país, defiende la cultura imperante («el obrero ruso es perspicaz, sabe arreglárselas y está bien dotado»), pero reprueba la «organización general del trabajo. Ante las modernas tareas de producción, el personal administrativo soviético está, en general, mucho más atrasado que los obreros»[5].

3. Hoffer, *The Ordeal of Change*, cit., p. 25.
4. L. D. Trotski, *La rivoluzione tradita*, Roma, Samonà e Savelli, 1968, p. 74 (ed. original, 1937; ed. cast.: *La Revolución traicionada*, trad. original de León Trotski, Madrid, Fundación Federico Engels, 2001).
5. *Ibid.*, p. 78.

En cualquier caso, la ausencia de propiedad privada va acompañada de una reducción de la cultura del esfuerzo y del trabajo. Para Hoffer, esa es una cuestión importante. Únicamente en las sociedades industriales de masas que hemos conocido en los dos últimos siglos, o sea, únicamente con el capitalismo, la «disponibilidad para el trabajo» y el «sentido práctico» se han convertido en valores generalizados. Se trata de actitudes arraigadas en personas que ejercen distintas profesiones pero a las que en cierto modo les une el orgullo del trabajo bien hecho, el deseo de mantenerlo y la disposición a esforzarse más. Naturalmente, con la demanda de que esa disposición se vea reflejada también en su salario.

Desde este punto de vista, es indudable que, en Occidente, el ataque al capitalismo ha sido también en parte el ataque a ciertos valores. John Maynard Keynes, por ejemplo, detestaba lo que se conoce como «virtudes victorianas», empezando por la idea de que el ahorro (esto es, la renuncia a algo en el presente con vistas a un mayor goce futuro) sea por sí mismo un bien.

Incluso en nuestros días, por ejemplo, los defensores más coherentes de la renta básica consideran que se trata de una alternativa radical a la economía «burguesa», como el horizonte de un mundo en el que se dispone de una renta por el mero hecho de estar vivo y en el que dedicarse a algo o no, esforzarse o no, es una decisión personal que no tiene nada que ver con los derechos fundamentales. *A un dio «fatti il culo», non credere mai* («En un dios "que se parte el lomo" nunca creáis») cantaba Fabrizio De André (1940-1999), enfadado con un famoso sindicalista de la época.

También por esto resulta cada vez más difícil imaginar que la amplia nacionalización de sectores económicos enteros —que hemos conocido a partir de los años treinta del siglo XX, y no solo en Italia— fuese una manera de «salvar el capitalismo» de sí mismo. Setenta años de empresariado público en nuestro país se propusieron en esencia reemplazar la inaceptable arbitrariedad de la propiedad privada, a menudo efectivamente en manos de los herederos de ricos propietarios industriales, por empresas gestionadas por profesionales en las que, de buen grado o no, todos éramos accionistas. Sin embargo, el gran desarrollo de posguerra de Italia se debió a empresas pequeñas y privadas, a años luz de los gigantes estatales y de la industria pesada por los que las clases dirigentes habían apostado todas las fichas. En pocas palabras: había un sector de la industria nacional en el que se podía hacer frente a los precios gracias al respaldo político y había otro que, en cambio, tenía que asumir los riesgos. Este último fue el que prosperó.

Lo más importante es que el capitalismo de Estado que se instauró en Occidente —fuera poco, fuera mucho— ha terminado por resultar demasiado caro. La mera posibilidad de una intervención pública «de rescate» redefine el principio de responsabilidad por el cual un empresario gana o pierde, pero es él quien gana o pierde. ¿A quién no le gustaría privatizar sus beneficios y socializar sus deudas? Esto último es lo que ocurre cuando la propiedad pública gana terreno y, junto con ella, la idea de que hay objetivos extraeconómicos que deben superponerse a los puramente económicos de la empresa, como la protección del empleo o la promoción de determinado tipo de actividades de investigación y desarrollo, más importantes que el «móvil» (ya el propio término tiene un halo vagamente delictivo) del beneficio. Cuanto más se extiende la empresa pública, más difíciles son las condiciones de vida de la privada. La primera, en cierto modo, «narcotiza», imponiendo sus propios criterios al mecanismo de los precios. Los operadores económicos pierden agudeza visual, dejan de ver con claridad. La economía se convierte en un paisaje cada vez más atrofiado.

La historia económica de la empresa pública ha sido muy estudiada, en particular por sus admiradores, intelectuales que ven en el Estado un inversor valiente, que no conoce los límites, obvios, del lucro individual. En cambio, se estudian muy poco sus reflejos culturales, su efecto erosivo sobre el deseo de emprendimiento y, tal vez, en palabras de Hoffer, sobre las ganas de hacer.

# VI. ¿Un paréntesis cerrado?

1. En el siglo XX la economía de mercado no solo conoce el reto del socialismo, es decir, de un sistema que se presenta abiertamente como *alternativo*. En efecto, la nacionalización de los medios de producción también tiene lugar en el seno de países con economía de mercado, donde se materializa de modo puntual en sectores industriales específicos, a veces como reacción a una crisis económica con el fin de preservar el empleo, a veces por considerar «estratégico» determinado tipo de producción.

El resultado de este proceder es una creciente «socialización de las inversiones», por citar otra vez al Keynes de *El fin del laissez-faire*. Las decisiones relativas a la producción incumben necesariamente a lo que se elija hacer con un determinado recurso, y quien puede tomar esa decisión es precisamente el propietario. En los países occidentales hemos procedido de otra manera. Hemos preservado la forma de los derechos de propiedad y hemos evitado los peores dolores de cabeza del socialismo, pero hemos contaminado su esencia al limitar cada vez más lo que el propietario puede hacer con lo que es suyo, proceso que se ha visto favorecido por la gestión profesional del capitalismo (la separación entre propiedad y control). En efecto, las reglas y los vínculos que irritarían enormemente a quien se sintiese «dueño» de una determinada empresa mutan en «criticidad» de gestión, a cargo de un directivo que debe rendir cuentas a una propiedad parcelada. El vocabulario político vive de circunloquios y de eufemismos.

Por tomar un ejemplo de moda, examinemos el llamado *golden power*. Se trata de una norma que se aplica a un número cada vez mayor de sectores industriales (todos «estratégicos», término bastante plástico) y que obliga a notificar directamente al Palazzo Chigi (sede del Gobierno de Italia) los ingresos de nuevos socios extranjeros en la masa societaria y las posibles cesiones a esos socios, incluida, en casos particulares, la nacionalidad de los abastecedores. Si no puedo decidir a quién vendérsela, una empresa deja de ser mía. Pero este conjunto de normas no escandaliza demasiado, en parte a causa de su barniz nacionalista, en parte porque no es lo mismo decir «el señor X no puede vender su compañía al señor Y» que decir «al señor Y no se le permite aumentar su influencia en el accionariado de la empresa».

Con frecuencia, la historia de los últimos cuarenta años se interpreta como la alternancia de un exceso de «neoliberalismo» y una tardía *rerregularización.* El triunfo de Margaret Thatcher (1925-2013) en las elecciones de Inglaterra de 1979 y luego el de Ronald Reagan en las de Estados Unidos en 1980 fueron una especie de terremoto. No porque la una y el otro fuesen «de derechas». Desde el final de la guerra, Gran Bretaña había estado gobernada por primeros ministros conservadores durante diecisiete años y durante otros diecisiete por laboristas, mientras que en Estados Unidos habían sido presidentes Truman (1884-1972), Kennedy (1917-1963), Johnson (1908-1973) y Carter (1924-2024), pero también Eisenhower (1890-1969), Nixon y Ford (1913-2006). La retórica de Thatcher y la de Reagan eran radicalmente diferentes. Ambos refutaban, y con toda claridad, lo que en Inglaterra había dado en llamarse *butskellism,* por fusión del apellido de Rab Butler (1902-1982), ministro de Economía y del Tesoro, conservador, y el del laborista Hugh Gaitskell (1906-1963). Era el llamado «consenso posbélico», que se fundaba en la economía mixta (con un Estado «empresario» tentacular y prácticamente único actor en el campo de la industria pesada) y el Estado del Bienestar. Se pensaba que una elevada tasa de inflación era la contrapartida necesaria de una economía de pleno empleo (era lo que mostraba la «curva de Phillips»), y a los aparatos públicos se les encomendaba el *fine tuning* —la puesta a punto— de toda la economía.

Es frecuente referirse a ese período como los «Treinta Años Gloriosos», momento mágico en que confluyeron simultáneamente una reducción de las desigualdades y el crecimiento económico. Pero tal cosa, en gran medida, es una broma de la memoria. En Estados Unidos el crecimiento fue relativamente modesto (alrededor del 2,1 %) si se lo compara con la media histórica de este país. En Inglaterra, el Estado de Occidente que más lejos se aventuró por la senda de las nacionalizaciones, raramente la tasa de crecimiento llegó al 2 %, e incluso conoció episodios de tasa negativa. Es cierto que el tipo máximo sobre el impuesto a la renta era escandalosamente elevado, el 91 % en Estados Unidos (valor muy próximo al 94 % que se alcanzó durante la guerra), pero en 1960, antes de que John F. Kennedy redujese los impuestos, solo había ocho contribuyentes entre los 179 millones de norteamericanos que a la sazón pagaban con arreglo a este tipo[1].

En cambio, en los países que habían perdido la Segunda Guerra Mundial —Alemania, Japón, Italia— sí se registraron tasas de crecimiento muy elevadas. Allí, según el economista Mancur Olson (1932-1998), la derrota militar había eliminado los viejos grupos de presión y había creado, por tanto, las condiciones para una distribución «capitalista» de las oportunidades.

---

1. L. Lindsay, *Tax Policies for 4% Growth: Evidence from the States, American History, Markets, and Nations*, George W. Bush Presidential Center, 10 de abril de 2012.

Esto significa que quien tenía «ganas de hacer» encontraba por fin despejado el camino, sin demasiadas genuflexiones ante los poderosos de turno. Fue, sin duda, el caso de la Italia de los años cincuenta. Un amplio estudio coordinado por Nicola Rossi para el Istituto Bruno Leoni[2] demuestra que, entre 1950 y finales de la década de los sesenta, Italia registró la cuota máxima de compañías innovadoras sobre el total de empresas. El aparato de la empresa pública italiana sobrevivió al final del fascismo sin demasiados cambios. Pero la cultura de los gobiernos centristas aunaba, por un lado, una atención centrada en los parámetros que se estimaban necesarios para el restablecimiento del buen nombre del país en el mundo (empezando por la estabilidad monetaria) y, por otro, una cierta *benign neglect* (negligencia benigna o indiferencia positiva) respecto de la actividad económica privada.

Es importante destacar que la «gloria» de esos años reside en buena parte en la vastísima difusión de ciertos bienes que, originariamente para una minoría, se hicieron universales, desde el automóvil hasta la lavadora. Fue una etapa decisiva del gran enriquecimiento. En Alemania, Ludwig Erhard (1897-1977), ministro de Economía, había expresado sus objetivos en el título de un libro: *Bienestar para todos*. Los nazis, pero también, y antes que ellos, el Estado Prusiano, habían

---

2. El estudio se publicará próximamente. En el sitio http://dinamismo. brunoleoni.com/ se puede acceder a las principales conclusiones.

pensado en «organizar» la producción económica privada e incentivaban los cárteles con la convicción de que la grandeza de un país residía en su industria pesada. Erhard pensaba que la grandeza de un país residía en dar mejor vida a sus ciudadanos. Lo acusaban de no tener más política que la de llevar «una nevera a cada casa», lo que él consideraba un halago[3].

2. En los años setenta, todo era muy distinto. Occidente había pasado por una crisis energética y una «estanflación». En contra de los modelos de los economistas keynesianos, se descubrió que era posible tener una inflación alta y al mismo tiempo una economía estancada. El gasto público crecía, y la presencia del Estado en la producción también (al menos en Europa), la inflación iba de la mano de la ampliación del poder de los sindicatos, a los cuales apelaban los trabajadores con la esperanza de que, con aumentos automáticos, defenderían su poder adquisitivo. Se pensaba que ese era más o menos el curso obligado de la historia y que no había gran cosa que hacer al respecto. Los primeros ministros y los presidentes «conservadores» no pensaban de modo muy diferente que los «progresistas»: en Estados Unidos, probablemente el presidente que más hizo avanzar al «Estado regulador» fue Richard Nixon.

3. L. Erhard, «Un frigorifero in ogni casa» (1953), en *id.*, *La politica economica della Germania. Per una economia sociale di mercato*, Milán, Garzanti, 1963, pp. 149-152 (ed. original: *Deutsche Wirtschaftspolitik*, 1962).

Thatcher y Reagan habían coincidido con ambientes intelectuales que despertaron su curiosidad, incluso a causa de sus respectivas historias personales. Margaret Roberts era hija de un circunspecto propietario de una tienda de ultramarinos que le inculcó la autodisciplina y un culto al mérito individual (los famosos «valores victorianos»). Ronald Reagan, que procedía de una familia desestructurada debido al alcoholismo de su padre, admiraba enormemente la determinación y la templanza de su madre, Nellie, y se esforzó al máximo por sobresalir, primero en el ámbito universitario del deporte, más tarde como periodista radiofónico y finalmente como actor.

Si es verdad que detrás de toda teoría hay una biografía, las de Thatcher y Reagan les hicieron especialmente sensibles a las ideas liberales, pese a que en aquella época no eran moneda corriente. Thatcher se volvió a encontrar con las ideas de su padre en las propuestas de un *think tank* inglés, el Institute of Economic Affairs, y de sus númenes tutelares, Friedrich August von Hayek y Milton Friedman (1912-2006). Reagan, cuando en los años cincuenta recorría Estados Unidos para General Electric, ya tenía a sus espaldas una nutrida lectura de textos de economía.

Una y otro ganaron las elecciones con la promesa de reducir el perímetro del Estado, y hasta cierto punto lo hicieron. Ambos lograron controlar la inflación y disminuir la presión fiscal. Especialmente en Estados Unidos, sobrevino una fase de extraordinaria expansión económica. En 1990, el PIB estadounidense, con el ajuste por inflación, era un 31 % superior al de 1982[4]. En diez años se crearon algo así como veinte millones de nuevos puestos de trabajo. *It's morning in America*, rezaba uno de los más famosos anuncios electorales reaganistas.

No obstante, el presupuesto público se incrementó, sobre todo a causa del gasto militar. A Thatcher debemos la incorporación del término «privatización» a los diccionarios. Antes de ella, lo único que parecía posible hacer con una empresa era nacionalizarla. La primera ministra, pese a ser la persona de mayor determinación que jamás hubiera ocupado ese cargo en el Reino Unido, únicamente logró mantener el gasto sustancialmente invariable al limitarlo a dos puntos del PIB durante sus once años de gobierno.

Ni Reagan ni Thatcher consiguieron transformar la organización del Estado social, y en ambos casos sus esfuerzos dirigidos a la desregulación tropezaron con dificultades y, sobre todo, no encontraron muchos imitadores. Ya a finales de los años ochenta, el economista Sam Peltzman había intuido que no se trataba de desregulación en sentido estricto, sino más bien de un nuevo tipo de regulación[5]. Las agencias regulado-

4. R. L. Bartley, *The Seven Fat Years*, Nueva York, The Free Press, 1992, p. 4.
5. S. Peltzman, «The economic theory of regulation after a decade of deregulation», en *Brookings Papers on Economic Activity: Microeconomics*, 20, 1989, pp. 1-59.

ras podían aligerar sus procedimientos, pero no dar un paso atrás.

En nuestros días, la opinión predominante es que la onda larga de Reagan y Thatcher se mantuvo hasta 2007-2008, cuando la crisis financiera anuncia el retorno del Estado, situación que se consolida con los problemas que plantea la pandemia, el cambio climático y después la crisis energética provocada por el conflicto ruso-ucraniano. Esto no es del todo cierto. Si bien es verdad que las políticas que se desarrollaron con Clinton y Blair fueron, al menos en parte, similares a las de Reagan y Thatcher, aunque con otros objetivos (Clinton tuvo el mérito de lograr el equilibrio presupuestario estadounidense), las cosas cambiaron deprisa y con independencia del color político de quien estuviera al frente de los respectivos países.

3. Hay índices de libertad económica, el más célebre de los cuales es el publicado por el Fraser Institute de Canadá, que nos ayudan a comprender si, con el tiempo, el Estado, por decirlo en términos sencillos, ha adelgazado o engrosado. De acuerdo con ese índice, la libertad económica en el Reino Unido llegó a su apogeo en el año 2000, para reducirse luego notablemente y volver a los niveles prethatcherianos con la crisis financiera, aunque la tendencia venía de más atrás. Lo mismo, aproximadamente, se puede decir de Estados Unidos.

Esto se debió a que, por muy simbólicamente significativa que fuera la etapa de Thatcher y Reagan, iba a

contracorriente de una ola aún muy larga. En la con-
clusión de la *Teoría general*, dice Keynes que

> las ideas de los economistas y los filósofos políticos, tan-
> to las correctas como las erróneas, son más poderosas de
> lo que generalmente se piensa. [...] Los hombres prácti-
> cos, que se consideran libres de toda influencia intelec-
> tual, suelen ser esclavos de algún economista muerto[6].

James Buchanan (1919-2013) y Richard Wagner han
sostenido que, en la actualidad, el difunto economista
John Maynard Keynes no reina sobre nosotros tanto
por haber inventado la macroeconomía y un «lenguaje» que muchos economistas y científicos sociales han
incorporado en su léxico cotidiano como porque sus
tesis, probablemente muy a su pesar, han sido inter-
pretadas por las clases políticas como una especie de
cheque en blanco. La idea cardinal del keynesianis-
mo, la de que cuando la economía va mal es necesario
que el Estado le inyecte recursos, no presentaba prácticamente novedad alguna en los años treinta del siglo
pasado. Los Estados siempre lo habían hecho, si bien
a menor escala que en el siglo XX. Por lo demás, el
propio léxico político tendía por entonces a limitar las

---

6. J. M. Keynes, *Teoria generale dell'occupazione, dell'interesse e della
moneta*, ed. de T. Cozzi, Turín, UTET, 2013, p. 577 (ed. original: *The
General Theory of Employment, Interest and Money*, 1936; ed. cast.:
*Teoría general de la ocupación, el interés y el dinero*, México/Madrid,
Fondo de Cultura Económica, 1981).

esperanzas acerca de la intervención del Estado en la economía. Se hablaba de *bad trade* en lugar de «recesión», algo así como decir «mal tiempo» en vez de «crisis climática».

Keynes infunde confianza a los políticos. Una confianza «racionalista» en la posibilidad de hacerse con las riendas de la economía hasta el punto de conducirla a la tasa de crecimiento y al nivel de ocupación deseados.

El problema de los recursos desaparece como tal. La deuda, en la discusión pública, se convierte en «tomar un préstamo de nosotros mismos», una especie de contabilidad de doble entrada. Y si endeudándonos hoy aseguramos tasas de crecimiento más altas para mañana, el futuro tendría razones para agradecérnoslo, ¿o no?

Durante los primeros ciento ochenta y un años de existencia del gobierno federal, es decir, hasta la presidencia de Nixon, Estados Unidos mantuvo una política dirigida al equilibrio presupuestario. Esto no quiere decir que todos los años controlaran que las entradas superaran a las salidas. El presupuesto no se equilibraba rigurosamente todos los años, de modo que se registraban modestos déficits. Pero, por prudencia, se pensaba que de tanto en tanto las cuentas debían cuadrar. No era una convicción ideológica, dictada tal vez por alguna preferencia por el Estado «mínimo». Incluso Franklin Delano Roosevelt (1882-1945), que deseaba expandir el radio de acción del Estado, pensaba que era conveniente hacerlo mediante déficits relativamente modestos, que hoy, excepto un par de casos, no se consideran, según el modelo keynesiano, ejemplos de «estímulo» mediante déficit. Simplemente se pensaba que esta prudencia era necesaria para que el Estado mantuviera su condición de deudor fiable y pudiera volver a endeudarse si lo necesitara, como, por ejemplo, en caso de guerra.

Quizá ni siquiera el propio Keynes pensase de otra manera, pues exhortaba a gastar en los años de vacas flacas pero a ahorrar en los de vacas gordas.

Sin embargo, en los últimos cincuenta años casi todos los Estados occidentales han incurrido en déficits cuando las cosas iban mal, porque iban mal, y cuando iban bien, porque iban bien. Italia, en la crisis de 2011, cambió el artículo 81 de la Constitución para dejar negro sobre blanco que «el equilibrio presupuestario se refería al ciclo», lo que significa gastar en los años malos y hacer reservas en los años buenos. Desde 2011 hasta la actualidad, nuestro Parlamento ha votado siempre a favor de concederse nuevos déficits presupuestarios. Hasta 2021, ante la mayor tasa de crecimiento registrada desde los años sesenta (6,6 %, aunque es verdad que después de haber perdido nueve puntos del PIB en el año anterior), hemos optado por endeudarnos más aún. También aquí han sido útiles los eufemismos, pues «endeudarse» pasó a ser «incurrir en déficit» y finalmente, gracias a una delicada expresión, «desviación presupuestaria».

4. ¿Qué relación hay entre las finanzas públicas y el capitalismo? ¿En qué sentido aquellas influyen en este? En este sentido: si el Estado siempre puede endeudase, las coordenadas del debate público cambian. Ya no se piensa que también el dinero del contribuyente es escaso y que es preciso elegir entre modos necesariamente alternativos de emplearlo: o construimos un parvulario o cambiamos la pavimentación del centro histórico. Los electores deberían votar a favor de una u otra alternativa o declararse dispuestos a un aumento de la recaudación fiscal para acometer ambas empresas. Pero si siempre se puede contraer una deuda, no es preciso elegir.

Y si no es preciso elegir, ¿por qué habría de tener la intervención pública ningún tipo de limitaciones? La experiencia de todo el mundo nos sugiere que es mejor concentrar la atención y dedicarse a hacer bien una sola cosa a la vez. La lógica de la división del trabajo coincide con la sabiduría popular que reza *ofelè fa el mesté* («zapatero a tus zapatos»).

Pero si los recursos son prácticamente infinitos, no hace falta elegir. Así las cosas, el Estado puede, con toda tranquilidad, hacerse cargo de empresas que, por los más diversos motivos, no son rentables o ya no pueden serlo, empeñarse en «proteger el empleo» a pesar de que su producción ya no puede ser «económica», y hacerlo con absoluta conciencia de la situación. Reagan y Thatcher intentaron hacer frente a esta política responsabilizando a los respectivos bancos centrales. En los últimos años, estos han implementado políticas monetarias muy «laxas», lo que quiere decir que han inundado de dinero el mundo con la consecuente adulteración del sistema de precios, cuyas señales quedan «narcotizadas». Los empresarios, obnubilados por el exceso de dinero, no aciertan a regularse, por lo que van más allá de sus posibilidades e, involuntariamente, originan nuevas coyunturas en las que se impondrá la intervención del Estado.

La clase política capta perfectamente la indirecta y comienza a proyectar nuevos usos del dinero público. Las intenciones pueden ser las mejores del mundo (proteger el empleo, garantizar un buen nivel de vida a todos, etc.), pero poco a poco e inevitablemente se quiebra la lógica de la economía de mercado, que prevé beneficios, pero también pérdidas, y que para funcionar necesita esta disciplina (la disciplina de mercado, precisamente). Por ejemplo, mediante subsidios como la renta básica universal se debilitan los incentivos al trabajo. Finalmente, se crea un clima en el cual, cada vez que el veredicto del sistema de precios no nos gusta (por ejemplo, porque son «demasiado» elevados), intervenimos para cambiarlo, por ejemplo, nacionalizando una empresa y obligándola a poner en práctica «precios políticos». Esto no significa que hayan disminuido los costes de producción, sino simplemente que el precio al consumidor es parcialmente cubierto por un subsidio público.

Se trata de una situación curiosa, porque la lógica racionalista, de la que tanto hemos hablado, termina en una especie de epílogo irracional. Se piensa que es posible «conducir» la economía como si fuera un automóvil, pero se decide, por ejemplo, dejar de preocuparse por la cantidad de combustible que consume (el volumen de recursos públicos que absorbe), no mantener el nivel de aceite (el sistema de los precios) y no cambiar los neumáticos si están deteriorados (ninguna disciplina de mercado). Con tal de que el conductor tenga clara la dirección, no hace falta nada más. Pero ocurre que el automóvil se queda parado en la carretera. Ni siquiera entonces el conductor se pregunta si se ha acabado el combustible, si el motor necesita una revisión o si hay que cambiar los neumáticos. Se limita a rebautizar, con el nombre del país al que se dirigía, la plazoleta en la que ha quedado detenido. Esta situación se repite una y otra vez. Convencidos de disponer de todos los instrumentos para gobernar la economía, de vez en cuando nos asombramos de que la realidad nos desmienta. Ni siquiera los burócratas más capaces y más listos, los banqueros centrales, consiguen prever la tasa de inflación, aun cuando sea lo único que deberían hacer, como en el caso del BCE. Tras un siglo de «vigilancia bancaria» cada vez más minuciosa, compleja y penetrante, descubrimos —con la crisis del Banco de Silicon Valley— que, siempre que tomen fondos a la vista y los coloquen a largo plazo, los intermediarios financieros pueden quebrar. Así hemos aprendido que ni las *quantitative easing* («programas de estímulo») ni las «políticas monetarias no convencionales» son comida gratuita; que si los bancos centrales inundan el orbe de liquidez y presionan mucho a la baja la tasa de interés (hemos llegado a tener más de la mitad de las emisiones globales de títulos con rendimientos negativos), primero todos se alegran, empezando por los mayores deudores, esto es, los Estados, pero en algún momento llega la factura y entonces quien ha recibido semejante liquidez no sabe cómo emplearla y corre a financiar cualquier cosa, sobre todo si se denomina *start up* («empresas emergentes»). A su vez, los receptores de tales financiaciones no saben qué hacer con ellas y las depositan en un banco. El banco ha de obtener rendimientos para poder remunerar los depósitos, aunque sea modestamente, y pagar a sus empleados, para lo cual elegirá inversiones muy arriesgadas o inversiones a largo plazo. Luego, cuando los bancos centrales, a causa de la inflación que ellos mismos han desencadenado, se vean obligados a volver a aumentar la tasa de interés, disminuirá el valor de los títulos comprendidos en el portafolio del banco; y si los titulares de las cuentas corrientes piden retirar su dinero, tendrá que presentar sus libros ante los tribunales.

En un mundo que constantemente nos demuestra que las acciones humanas tienen consecuencias inesperadas y que las relaciones entre reguladores, empresas y consumidores son muy complejas, los ministros de Economía siguen pensando que son capaces de intuir qué tecnologías tienen el potencial requerido y cuáles no. Cuando sus intentos descarrilen, bastará con cambiar de «relato» y la gente no tendrá nada de lo que lamentarse. Querido Keynes, no son las ideas las que tienen más poder del que se les atribuye, sino las palabras, las de los hombres de pensamiento, sin duda, pero también las de los charlatanes.

# VII. Nuestro capitalismo, entre globalización y confinamiento

1. En marzo de 2021, la Ever Given, una nave de 400 metros de eslora y 59 de manga, bloqueó el Canal de Suez durante siete días. Era el «desastre perfecto», el simple «grano que bloqueaba la globalización», el «cuello de botella» destinado a desencadenar la crisis del comercio mundial. Durante todo el año 2021 pasaron por el Canal de Suez 20 694 buques, el mayor número de la historia.

No era la primera vez que se anunciaba el fin de la globalización. El Brexit, la elección de Donald Trump, la guerra comercial entre Estados Unidos y China, la COVID-19 y ahora la guerra entre Rusia y Ucrania, se interpretan en general como toques de difuntos.

En los últimos treinta años, el término «globalización» ha pasado a formar parte del lenguaje común. Los hombres desplazan personas y cosas desde los tiempos más remotos, y allí donde estos desplazamientos resultan más fáciles (como en el mar Mediterráneo) ha sido posible el surgimiento de sociedades más complejas. El comercio está condicionado por las circunstancias. En él gravitan factores políticos, como la presencia de aranceles, de limitaciones a la exportación, de medidas que conducen a concentrarse en la economía nacional o bien a lanzarse en busca de socio en cualquier lugar del mundo, pero también es importante la tecnología, pues los métodos de conservación de la comida y los alimentos y los riesgos anejos a las tecnologías del transporte contribuyen a determinar qué se puede transportar. En la actualidad, los restaurantes ofrecen sin problemas «pescado del día» incluso a miles de kilómetros del mar.

Hace poco más de cincuenta años, todo era muy distinto. En el campo, tal vez en un bello hospedaje de turismo rural, nos complacíamos en comer un plato de embutidos y disfrutar del sabor del «salami campesino». Los campesinos de principios del siglo XX soñaban con los embutidos. Como no disponían de instrumentos adecuados, la comida se estropeaba rápidamente, y por eso, cuando comenzaban a cortar un jamón, lo mejor era dedicarse a acabarlo antes de «abrir» el salami[1]. Obviamente, las mejoras de la logística y las co-

---

1. Sobre estos temas es recomendable A. Grandi, *Denominazione di origine inventata. Le bugie del marketing sui prodotti tipici italiani,* Milán, Mondadori, 2018.

municaciones han «aproximado» el mundo más que nunca.

Esta cercanía parece resistir a las profecías más aciagas. El proteccionismo de los líderes que declaran *America First* o «primero los italianos» suele quedar en letra muerta, en parte porque el entramado jurídico de la globalización es muy complejo. Nace en 1947, con el Acuerdo General sobre Aranceles Aduaneros y Comercio (GATT, siglas en inglés). Los estadounidenses recordaban muy bien que el aumento de los aranceles sobre las importaciones, con la *Smoot-Hawley Tariff Act*, había agravado la Gran Depresión y aumentado las tensiones internacionales. Por esa razón intentaron integrar en una trama de comercio común por lo menos la parte del mundo comprendida en su «esfera de influencia». Este proyecto involucraba tanto a países pequeños como a grandes, con la diferencia de que los primeros tienden a comprender mejor la necesidad de intercambio con el resto del mundo, mientras que en los segundos es normal que se cree el espejismo de la «independencia» (energética, alimentaria y los adjetivos que el lector prefiera).

Sin embargo, hasta el fracaso de las negociaciones de Doha, a comienzos de la primera década del siglo XXI, la Organización Mundial del Comercio (hija del GATT) no da sus primeros pasos. A partir de entonces ha habido, como mucho, acuerdos entre dos países o entre grupos de países, algunos de los cuales desafortunadamente fracasaron a causa de la retórica proteccionista (por ejemplo, el acuerdo traspacífico que Trump anuló, si bien Hillary Clinton, su adversaria, no había prometido nada distinto). Con la pandemia, todos temimos una brusca paralización del comercio internacional, en parte porque creíamos que las personas, obligadas a permanecer en su casa o en los «confines» de su ciudad por los gobiernos empeñados en contrarrestar el virus, reducirían su demanda de cosas y en parte porque las propias iniciativas gubernamentales dificultaban el desplazamiento no solo de las personas, sino también de las mercancías. Los Estados instauraron barreras para no «perder» equipamientos sanitarios a manos de empresas o países extranjeros dispuestos a pagar más por ellos. Cuando en Italia se introdujo el *green pass*, que circunscribía exclusivamente a las personas vacunadas el acceso a los locales públicos, en seguida se planteó el problema de los extranjeros que entraban en el país por carretera, quienes tal vez estuvieran vacunados, pero no necesariamente con las vacunas aprobadas por la Agencia Europea de Medicamentos.

A la postre, el resultado ha sido mejor de lo que pensábamos. La «desglobalización» es algo que dan por descontado muchos periodistas, quienes, como buenos intelectuales, no contemplan un proceso sin guías ni conductores —que eso es precisamente el capitalismo internacional—, como tampoco lo contemplan los analistas que, al reducir todo a la política, se imaginan que el «dirigismo» de uno u otro país produce ineluctablemente respuestas igualmente dirigistas. Pero las cosas no son en realidad tan claras. Los mismos Estados que imponían obstáculos para tratar de evitar las exportaciones de ciertos equipamientos sanitarios reducían otros para no interceptar fármacos y dispositivos de protección individual que en otros sitios se producían con mayor eficacia[2]. Según la Conferencia de Naciones Unidas sobre Comercio y Desarrollo, en 2021 el valor del comercio global fue un 13 % superior al previo a la COVID[3]. Incluso en los primeros meses de 2022 se registraron señales de crecimiento. La guerra de Ucrania, naturalmente, dificulta la previsión de los desarrollos en el futuro cercano, en particular desde el momento en que los gobiernos occidentales parecen empeñarse en querer dividir el mundo en dos, con obvios contragolpes que afectan al circuito de los intercambios.

2. La globalización de los últimos veinte años ha marcado otra importantísima etapa del gran enriquecimiento. El mercado crece en extensión y con ello aumenta el número de extraños con los que podemos cooperar, lo que a su vez incrementa el volumen de bienes y servicios para todas las personas implicadas,

2.  Un excelente reconocimiento de lo que sucede efectivamente en estos momentos se halla en S. J. Evenett, *What Endgame for the Deglobalisation Narrative?*, noviembre de 2022, https://www.globaltradealert.org/reports/101.
3.  UNCTAD's Global Trade Update, 2021.

dado que, aunque hay más fuentes de demanda, también hay más manos para producirlos.

Si observamos los niveles de vida, comprobamos que ha sido la fase más increíble de la historia de la humanidad, y solo nuestra miopía nos impide reconocerlo.

A menudo se afirma que la globalización ha provocado el estallido de las desigualdades, que los beneficios del capital han aumentado mientras que las remuneraciones del trabajo han permanecido sustancialmente invariables durante dos décadas. Se trata de un asunto complejo que ha sido objeto de un intenso debate entre economistas e historiadores de la economía, debate que irrumpió tras la publicación de *El capital en el siglo XXI*, de Thomas Piketty[4]. Recientemente, Phil Gramm, Bob Ekelund y John Early han subrayado que el lugar común sobre la sociedad estadounidense contemporánea según el cual los ricos son cada vez más ricos y los pobres cada vez más pobres está falseado por maniobras distorsionantes. Así, el Census Bureau no toma en cuenta dos tercios de las transferencias a los que menos tienen ni el impacto de los impuestos. Si se comparan estas dos series de datos, la renta de los contribuyentes más ricos no es dieciséis veces superior a la de los más pobres, sino cuatro ve-

4. Sobre el trabajo de Piketty, véase *Tutti gli errori di Piketty. Saggi su «Il capitale nel XXI secolo»*, edición de G. Wood y S. Hughes, Turín, IBL Libri, 2018 (ed. original: *The Central Contradiction of Capitalism*, Londres, Policy Exchange, 2015).

ces[5]. Analicemos solo unas pocas cuestiones acerca de Italia: con razón lamentamos que el nuestro sea el único país europeo en el que los salarios, calculados en valor neto sin inflación, hayan disminuido ente 1990 y 2020. En los otros países han aumentado, y desde luego muchísimo en los que en 1989 se plegaron al capitalismo (+276,30 % en Lituania, +237 % en Estonia, +112 % en la República Checa), pero también, aunque menos, en otros países europeos (+85,50 % en Irlanda, +63 % en Suecia, +33,7 % en Alemania). En cambio, de todos estos países, probablemente sea Italia el que ha registrado menor crecimiento de las desigualdades, precisamente porque nuestra economía, en gran medida, ha estado estancada.

Para calcular la evolución del salario se toma como referencia lo que se puede comprar con un salario determinado. Si en Italia no nos hemos quejado demasiado es porque hemos tenido años de precios estables, cuando no a la baja, respecto de una gran variedad de bienes. Más que los bancos centrales, lo que ha mantenido baja la inflación ha sido el comercio internacional. A menudo, las novedades tecnológicas de nuestro capitalismo global, constantemente cambiantes, han provocado la disminución de los precios. Esto se debe al capital generosamente remunerado gracias a prácti-

---

5. Véase P. Gramm, R. Ekelund y J. Early, *The Myth of American Inequality: How Government Biases Policy Debate, Lanham,* MD, Rowman & Littlefield, 2022.

cas más innovadoras y, finalmente, distribuidas en todo el planeta. Hoy, en todo el mundo, el desplazamiento de flujos financieros no conoce precedentes. Pero, cuidado, que no se trata solo de fondos de inversión o de empresas multinacionales. En 2019, las inversiones externas directas eran aproximadamente equivalentes a las remesas de los emigrados, que a su vez eran más o menos el quíntuplo de las ayudas al desarrollo. Los italianos deberíamos estar familiarizados con el concepto. Las personas que han encontrado trabajo en un país más rico envían dinero a su casa, transferencias cuyo valor, en lugares como Filipinas y Ucrania, asciende aproximadamente al 10 % del PIB. Los primeros «inversores externos» en los países de origen son justamente los migrantes a economías más prósperas, que financian no solo las necesidades de su familia, sino también sus iniciativas.

En el mundo, las desigualdades no solo no han aumentado, sino que se han reducido. El porcentaje de la población mundial que vive por debajo del umbral de la pobreza, que a nivel internacional se ha fijado en 1,90 dólares diarios, se sitúa en la actualidad aproximadamente en el 10 %, mientras que en 1990 ascendía al 37 %. En el mismo período, la población mundial aumentó en dos mil millones de personas.

Si bien la estructura política y jurídica de la globalización no ha variado en veinte años, las relaciones entre empresas y países, en cambio, han experimentado enormes transformaciones. Alrededor de la mitad del intercambio de mercancías está compuesta por bienes intermedios, o sea, por «cosas que sirven para hacer otras cosas». En esto estriba precisamente la diferencia entre la globalización que conocimos a comienzos de la última década del siglo XX y la de la segunda mitad del XIX.

Como ya hemos dicho, la mejora de los transportes y la invención tecnológica han hecho posible el traslado de mercancías que, hace dos siglos, sencillamente no podían «viajar». Pensemos en nuestra dieta, que era necesariamente de origen «local». La pasteurización y el invento del frigorífico se remontan a la segunda mitad del siglo XIX —que no por casualidad fue un momento de intensificación de los intercambios—, pero en el siglo XX fueron objeto de un perfeccionamiento sensacional.

«Nuestra» globalización sería inimaginable sin el desarrollo del contenedor que estandarizó Malcolm MacLean (1913-2001)[6]. Antes de su aparición —es decir, de la posibilidad de colocar las mercancías en un «envase» y no sacarlas de allí hasta que han llegado a destino—, la carga de los buques era un caos de barriles, bolsas, cajas, toneles y otra gran variedad de recipientes. Antes de los contenedores, un barco contenía aproximadamente 200 000 piezas individuales que se

6. Véase M. Levinson, *The box: la scatola che ha cambiato il mondo*, Milán, Egea, 2013 (ed. original: *The Box: How the Shipping Container Made the World Smaller and the World Economy Bigger*, Princeton, Princeton University Press, 2006).

cargaban a mano en un tiempo que, sumando carga y descarga, a veces superaba el de navegación. Hoy, trasportar un camiseta de Bangladesh a Estados Unidos cuesta una media de 10 céntimos de dólar, mientras que para llevarla desde el puerto de destino hasta el consumidor se precisan 10 dólares.

Por otra parte, es difícil subestimar el impacto de las tecnologías informáticas. No solo se ha vuelto mucho más fácil y económica la comunicación entre vendedores y compradores, sino que internet logra incluso «crear» nuevos mercados al poner en contacto una demanda y una oferta, cuyo recíproco conocimiento habría sido imposible sin su concurso. Este es el juego del tan denostado «capitalismo de las plataformas». Amazon no se limita a vender productos que ella misma distribuye, sino que, además, brinda a un lector de Hamburgo la oportunidad de descubrir la disponibilidad de un determinado libro en una librería de Cinisello Balsamo.

La creatividad y la innovación, que son la sal del capitalismo o —por retomar el término más preciso, aunque menos afortunado, acuñado por McCloskey— «innovismo, también tienen sus víctimas, por supuesto. Como se dice con frecuencia, el automóvil ha desplazado a los fabricantes de carrozas tiradas por caballos. *Video killed the radio star*. Es la «destrucción creadora», en la que nuevos métodos de producción tienden a reemplazar a los viejos y crean con ello problemas a quienes habían crecido con estos y quizá hasta dedicado profesionalmente a ellos. Desde el punto de vista del individuo, es innegable que la evolución tecnológica pueda volver obsoletas las cosas que se ha aprendido en la escuela o en el lugar de trabajo. A este respecto se suele hablar de «formación permanente», esto es, de la creación de vías de actualización que permitan a los trabajadores volver por un tiempo al pupitre escolar, no solo para encontrar un empleo distinto, sino, sobre todo, para enriquecer su propia carrera profesional. En una sociedad como la nuestra, donde se da tanta importancia al capital humano, a las competencias con las que las personas afrontan el mercado laboral, la formación permanente sería una formidable promotora de eficiencia y de oportunidades. A modo de ejemplo, un buen trabajador del ramo del turismo y la hostelería, una vez terminada su formación en la escuela de hostelería, puede comenzar «desde abajo» desempeñando tareas muy prácticas. Si ha hecho esta elección, es probable que no le guste mucho estudiar y que no le apetezca en absoluto hacer méritos «académicos». Pero la larga experiencia del fatigoso aprendizaje práctico puede dar como resultado un excelente jefe, que sepa hacer las camas y que, con mayor razón, sea capaz de orientar a quienes tienen esa tarea por oficio. A esas alturas, es importante que dicha persona adquiera conocimientos elementales de economía de empresa, no para tener un diploma, sino para poder comunicarse con sus nuevos interlocutores. En una de las mayores empresas de restauración del mundo, McDonald's, no hay ejecutivo que no haya trabajado un cierto tiempo en alguno de sus restaurantes.

Sin embargo, la formación permanente es mucho más fácil de teorizar que de poner realmente en práctica, y tan solo la previsión del emprendedor individual o la determinación personal del trabajador pueden materializarla.

Pero sería un error pensar que la desaparición de puestos de trabajo es un fenómeno extraordinario y traumático. En una economía dinámica, como la estadounidense, en la que trabajan aproximadamente 160 millones de personas, cada mes desaparecen 1,7 millones de puestos de trabajo, es decir, en torno al 1 %, porque dejan de estar disponibles. Con un mercado de trabajo flexible (cosa bastante más rara en este lado del Atlántico, a pesar de muchos intentos de reforma con el fin de reactivar la economía y sostener el Estado del Bienestar), esos trabajadores tienden a ser reabsorbidos en poco tiempo.

Hay puestos de trabajo que se pierden porque ciertas tecnologías o determinados métodos de producción se han vuelto obsoletos y las correspondientes empresas no consiguen mantenerse en el mercado. No todas las profesiones reaccionan con la gracia de un elefante arrinconado en un FIAT Topolino, como sucede en Italia con las corporaciones que se ven permanentemente amenazadas por alguna innovación tecnológica (por ejemplo, los taxistas por Uber). En Occi-

dente hemos asistido a la desaparición de los trabajos
físicamente más pesados para dejar espacio a otros menos duros. Durante buena parte del siglo XIX, aproximadamente el 70 % de la población trabajaba en la
agricultura, como todavía ocurre hoy en los países en
vías de desarrollo. En la Europa contemporánea, tres
de cada cien personas trabajan en el sector primario y
son suficientes para garantizar una producción mucho más abundante que en el pasado. La tecnología
permite superar las perturbaciones atmosféricas, mi-
nimizar sus daños y aprender a sacar provecho de tierras que nuestros abuelos no habrían ni siquiera soña-
do con cultivar.

3. El modo más sencillo de tomar conciencia de que el
mercado cambia continuamente es ver alguna película
antigua. Nuestro presente no se parece al futuro de
*Blade Runner*. Pero tampoco se parece demasiado a
nuestro pasado, pues los encargados de las centralitas
desaparecieron en los años cincuenta y el procesador
de palabras puso fin a las dactilógrafas, mientras que
la voz «ascensorista», que otrora designaba a un señor
que maniobraba un ascensor, alude hoy a un técnico
especializado en repararlo.

No es el progreso tecnológico lo que pone en peligro nuestro futuro. Desde los años treinta del siglo
pasado circulan las profecías de una inminente «gran
estanflación», lo mismo que las opuestas de una innovación tan vigorosa que determinaría el «fin del

trabajo». Por ahora, tanto unas como otras han resultado erróneas.

El problema no está allí. El problema reside en las limitaciones que estamos poniendo no tanto a la innovación como a la libertad de elegir y de ofrecerse a ser elegido, que es su premisa necesaria. El capitalismo es un tamiz invisible, un proceso de coordinación que opera en unas condiciones dadas, pero que también es afectado por ellas. No es que este extraño *ismo* asigne los recursos o que seleccione los factores de producción, puesto que unos y otros están gobernados por los operadores económicos, los empresarios que confiesan estar dispuestos a pagar por una determinada materia prima y los trabajadores que declaran su disponibilidad a trabajar para una determinada empresa, de manera autónoma. Sus elecciones se «sintetizan» en los precios, que a su vez ayudan a cada uno de ellos a adoptar sus propias decisiones. En sus comienzos, un restaurador no ofrecerá un menú con decenas de platos, y menos aún mayoritariamente a base de langosta, porque sus costes de producción serían tan elevados que haría falta un tipo de clientela que, probablemente, no llamará a su puerta solo porque haya abierto un restaurante.

¿Pero qué sucede si los precios, de algún modo, están «falseados»? Esto es lo que sucede en presencia de políticas monetarias «laxas». En este caso, el exceso de moneda en circulación falsea las expectativas de los empresarios y, más aún, las de quienes tienen que financiarlos; se emprenden proyectos en los que más habría valido no haberse embarcado y se termina en un exceso de oferta que luego requiere una brusca «corrección». Es como si la malla del tamiz hubiera perdido densidad. Las contradicciones del sistema capitalista, por las cuales hubo quienes profetizaron su caída, tienen que ver en realidad con las políticas monetarias.

Pero los precios también resultan «falseados» por el exceso de limitaciones normativas, pues esto restringe el tipo de alternativas de producción que los propios precios podrían indicar, e incluso por una fuerte presión social a favor de la adopción de un tipo de soluciones en detrimento de otro (por ejemplo, cuando la presión de la opinión pública decide que algunas actividades son «sostenibles» y otras no), lo que subordina la lógica de las conveniencias económicas a cualquier otro criterio.

No es necesaria la nacionalización de los medios de producción para que, de hecho, sus propietarios pierdan la posibilidad de disponer de ellos, como ya hemos visto. Peter Thiel afirma que innovamos en los *bits* (*apps* y demás) porque ya no podemos innovar en los átomos, o, dicho sin metáforas, porque la reglamentación hace muy difícil invertir en nuevos proyectos, por ejemplo, en la industria química o en la generación de energía. Muchas industrias del mundo de los átomos tienen ciclos largos, ya que entre la concepción del proyecto de un automóvil y el primer vehículo que sale de la fábrica transcurren cinco años. Esto requiere recursos que nadie está dispuesto a movilizar si un parlamento —por poner un caso extremo— tiene la posibilidad de declarar ilegal el sistema de propulsión de dicho automóvil.

Ante distintos tipos de limitaciones importantes, no es que las empresas dejen necesariamente de operar, sino que procuran adaptarse. El problema es que, en lugar de recurrir a los factores productivos que consideran necesarios, se conforman con adoptar otros, porque aquellos les están vedados. La restricción del circuito de intercambios es peligrosa desde cualquier punto de vista. Hay quienes se complacen en burlarse de la idea de que el comercio «abone» el terreno para la paz. Es una teoría cuyo justo valor aprenderemos a apreciar cuando tomemos conciencia de la verdad de su contrario, es decir, que el juego de los proteccionismos cruzados allana el camino a la guerra, además de agravar la manera de emplear los recursos, pues se limita la libertad de elegir y de ofrecerse a ser elegido. El control de las decisiones económicas se centraliza, de tal modo que nadie compra ni vende, por ejemplo, sobre la base de sus cálculos, porque no puede tener relaciones comerciales con quienes querría, sino con quienes el poder político le ha impuesto como posibles socios.

Diversas son las razones que pueden llevar a esta situación, como sanciones comerciales que impiden el aprovisionamiento en un país determinado, regulaciones laborales que no permiten contratar a un trabajador en determinadas condiciones, normas que imposibilitan el acceso a cierto tipo de fuente energética o la *moral suasion* («persuasión moral») de los políticos, que aconseja no tener proveedores de un país que se ha convertido en «enemigo» (el llamado *friendshoring*, que implica la sustitución de las lógicas económicas por motivos políticos). Las motivaciones pueden ser diferentes, pero el efecto es muy parecido: la inserción de trabas en el engranaje. Además, también aumenta la incertidumbre, pues una decisión de un Estado o de un líder, aun la más inédita y excepcional, se convierte rápidamente en un «precedente», lo que quiere decir que podrán venir otras.

Sin embargo, en general los empresarios continúan operando y sus respectivos personales se adaptan, si no a todo, a casi todo.

Adam Smith lo había visto bien:

El esfuerzo natural de todo individuo por mejorar su situación, siempre que se lo deje actuar con libertad y seguridad, es un principio tan poderoso que, por sí mismo y sin ninguna ayuda, no solo es capaz de conducir a la sociedad a la riqueza y la prosperidad, sino también de superar los irracionales obstáculos con los que con harta frecuencia la locura de las leyes humanas obstaculiza su acción.

Pero, sabiamente, agregaba: «Si bien la consecuencia de estos obstáculos es siempre, en mayor o menor medida, la violación de la libertad y la disminución de la seguridad»[7].

Hoy, la libertad y la seguridad están más amenazadas que nunca. Benjamin Constant (1767-1830) ha sido tal vez el más ilustre de los pensadores que creyeron que el progreso tecnológico sustentaría la libertad individual. En el mundo moderno, «los hombres trasladan muy lejos sus propios tesoros» y «se llevan consigo todos los placeres de su vida privada»[8]. La mayor movilidad impondría una limitación al poder y permitiría a las personas *despolitizar* su vida personal. El resultado de todo esto es que nos hemos convertido en operadores económicos como individuos y, en cuanto individuos, cada uno responsable de sus propias elecciones. Sin embargo, la política nos empuja en la dirección contraria, coherente con la lógica de lo que Constant llamaría «la libertad de los antiguos», quienes, más que relaciones económicas con extraños, tenían relaciones con familiares, amigos o aliados, no con simples contrapartes comerciales. De hecho, de tanto en tanto, las mejoras tecnológicas permiten al poder hacer cosas cuya posibilidad jamás habríamos siquiera imaginado.

---

7. Smith, *La ricchezza delle nazioni*, cit., p. 683, traducción modificada (ed. cast.: *La riqueza de las naciones*, cit.).
8. B. Constant, *La libertà degli antichi paragonata a quella dei moderni* (1819), Macerata, Liberilibri, 2001, p. 23 (ed. original: *De la Liberté des Anciens comparée à celle des Modernes*; hay ed. cast. de Ángel Rivero, *La libertad de los modernos*, Madrid, Alianza, 2019).

Con ocasión de la pandemia de la COVID-19, a la que los gobiernos, empezando por el italiano, reaccionaron con los llamados *lockdowns* –confinamientos–, hemos tenido una experiencia de lo que acabamos de decir. El término es nuevo, y en un primer momento tuvo una resonancia casi tranquilizadora, que evocaba una exigencia de protección. Pero el confinamiento no solo significaba «quédate en casa». Ramas enteras de actividad fueron declaradas «no esenciales» y temporalmente suspendidas. La libertad de elegir y la libertad de ofrecerse a ser elegido quedaron canceladas. Con éxito variable, hemos sido «rastreados», lo mismo que nuestras cuentas corrientes...

4. La tesis de estas páginas es que a nosotros nos ha tocado vivir en ambientes que estimulan y saben exaltar el cambio, en otras palabras, en sociedades abiertas. La innovación no llega porque se la ordene, sino que es el resultado de una extraordinaria e ininterrumpida serie de experimentos, «tamizados» por el libre mercado.

En la pandemia, la idea –que los enemigos del comercio siempre han defendido– según la cual toda esta generación de información desde abajo es prácticamente inútil alcanzó su máxima expresión. Se impuso a la población entera, por supuesto que por su bien, el criterio de un reducidísimo número de expertos, sacrificando incluso el nivel de aprendizaje de las nuevas generaciones. No se tuvieron en cuenta los *trade offs*, no se realizaron análisis de la relación costes-beneficios. En el debate político esto fue posible porque la política pisó a fondo el acelerador de la emergencia. Pero la política solo pudo pisar a fondo el acelerador de la emergencia porque a todo el mundo, empezando por los más capaces y los más cultos, le pareció normal tratar un ecosistema (la interacción de las sociedades humanas) como un gran mecanismo que se puede ajustar apretando dos bulones[9].

La retórica política se impuso a cualquier limitación de la acción del Estado. Estamos en guerra, se dijo. No ha habido discusión sobre la conveniencia de una tecnocracia, simplemente se la ha puesto en práctica como si no hubiera alternativa posible. En lugar de aceptar, como hacemos en el mercado y en la ciencia, que desde abajo, de los ensayos y errores, de la vitalidad de la sociedad, pudieran llegar respuestas, nos hemos enrocado en el fortín de los «expertos».

Es imposible asegurar que en poco tiempo no se vuelva a proponer el mismo modelo, aunque para otras emergencias, por supuesto[10]. Nos esperan nuevas decisiones imperativas, desde arriba, para racionar uno u otro bien, uno u otro servicio, para decidir

9. Sobre esto, permítaseme remitir a G. Corbellini y A. Mingardi, *La società chiusa in casa. La libertà dei moderni dopo la pandemia*, Venecia, Marsilio, 2021.
10. Sobre la continuada preeminencia del «estado de excepción», es verdaderamente revelador A. Colombo, *Il governo mondiale dell'emergenza. Dall'apoteosi della sicurezza all'epidemia dell'insicurezza*, Milán, Cortina, 2023.

qué actividades son «esenciales» y cuáles no lo son. Ya se anuncia la «transición ecológica» como la próxima ocasión de restricciones, racionamientos, elecciones tecnológicas impuestas por planificadores supuestamente iluminados.

Poco importa si luego las soluciones llegan de la iniciativa privada. Poco importa que las vacunas las produzcan las empresas farmacéuticas, no importa si la nueva tecnología del ARNm es fruto de años de trabajo de investigadores valientes, no importa si los empresarios individuales de la restauración o del turismo ponen a prueba modos de convivencia incluso durante la pandemia o si la industria textil se reconvierte para producir mascarillas y la de alcoholes para producir desinfectantes. Poco importa si por el camino se ha descubierto que, en realidad, muchas actividades «no esenciales» resultaban no ser tales y si se ha confiado alegremente en soluciones a la italiana, es decir, las del dirigismo atemperado por las declaraciones juradas.

Predomina la pasión por la ilusión racionalista, por la convincente patraña del jefe (o su sustituto moderno, el Estado) que decide por todos. Volvamos ahora a nuestra definición del capitalismo: el capitalismo es un sistema en el cual las decisiones se toman de modo descentralizado. A un joven que haya nacido en la primera década de este siglo se lo podríamos decir de esta otra manera: el capitalismo es lo contrario del confinamiento. La elección de nuestro futuro, empedrada de buenas intenciones, está entre una y otra definición. En otros términos, entre un mundo con libertad para elegir y para ofrecerse a ser elegido y un mundo en el que algún otro, movido por buenas intenciones, pretenda elegir por nosotros.

# Agradecimientos

Este libro no existiría sin la amistad y la determinación de Alessia Graziano, a quien espero no haber decepcionado demasiado. Paolo Belardinelli, Natale D'Amico, Filippo Cavazzoni, Gilberto Corbellini, Angelo Panebianco y David Perazzoni han leído, algunos una versión de este texto, otros más de una, y me han dado valiosos consejos. Las carencias y los errores, como es obvio, son de la exclusiva responsabilidad del autor.